María Teresa Canelones Fernández

Historias domésticas

Dirigidas a cuidadoras y domésticas
por vocación y por necesidad.
En primera persona

© María Teresa Canelones Fernández
© Editorial Giraluna Latinoamericana
Primera edición: 2022
Derechos Reservados

Edición al cuidado de:
Rey D' Linares - reydlinares69@gmail.com

Imagen de portada:
Nayika Montilla

Diseño de portada:
Carolina Linares - artesgraficas20042009@gmail.com

Corrección y estilo:
Pedro Estacio.

Foto contraportada:
Juan Lacruz.

Publicado en Venezuela por:
Editorial Giraluna Latinoamericana
J-29614384-6
editorialgiraluna2008@gmail.com
Teléfono: (+58) 0212-524.25.33

Depósito Legal: DC2022000506
ISBN: 979-882-770-700-4

Estas historias están dirigidas a quienes trabajan como domésticas o cuidando a personas de la tercera edad y con alguna discapacidad.

Ojalá y puedas leerlas antes de que te embarques en la aventura de entrar a la casa de un extraño que clama por espacios impolutos y traseros desinfectados.

Si no tuviste la suerte de que lleguen a tus manos antes de ser contratada, entonces deberás leerlas en tus horas de descanso para luego continuar con la limpieza profunda, o cuando tu paciente duerma plácidamente.

Será una obligación que compartas estas historias con tus conocidas, amigas y familiares también domésticas y cuidadoras. Y si osaras romper la cadena de distribución, muchas perderán la oportunidad de reírse de sí mismas, y de la condición humana.

Además, deberás sugerirlas a la familia para la que trabajes, así como a la empresa que te contrató, al menos un mes después de haber sido admitida, JAMÁS antes de haber estampado tu firma en el documento, que te sumergirá en un viaje aleccionador que bien podría durar días, meses, años, o toda la vida.

Historias domésticas, es un aliciente para ti, cuidadora y doméstica en esas horas en las que te provoque llorar, protestar o huir de lugares atestados de traperos, escobas, jeringas, desinflamatorios y antidepresivos.

¡Atención cuidadoras y domésticas!
"Llévense al domicilio el papel toalet,
y si pueden el toalet también".

Prólogo

Estas historias son un llamado de atención para quienes deciden ejercer oficios que por sí solos han estado acompañados de discriminación. Algunos patronos tienen la idea de que quienes ejercen estos trabajos pertenecen a una categoría fuera de la sociedad, que no merecen respeto o consideración. Esto, aunque esté cambiando, está enraizado en la historia de la humanidad. Quienes se dedicaban a estos oficios eran los esclavos, desde antes de la construcción de las pirámides de Egipto hasta hace muy poco. Pero vivimos en tiempos difíciles, y aunque la esclavitud fue abolida en el mundo, aún hay personas que se dedican a estos trabajos, muchas de ellas formadas profesionalmente, que no han logrado alcanzar el trabajo que han soñado o que, por su situación migratoria en algunos países, han terminado limpiando residencias, cocinando, cuidando a niños, adultos enfermos o ancianos discapacitados; haciéndose cargo de responsabilidades que van más allá de los deberes de una cocinera, limpiadora o cuidadora.

En estos tiempos en que se han roto los paradigmas más antiguos, cabe detenerse a pensar que aceptar a una persona en nuestro hogar que cuide a algún miembro de nuestra familia, limpie o cocine, y en algunos casos que haga todo esto, es una persona que viene a convertirse en nuestra aliada, nos ayuda, ella está allí, porque nosotros no podemos hacerlo, no nos damos abasto.

Si bien es cierto que diferentes situaciones la llevaron a trabajar en espacios tan íntimos, ello merece un reconocimiento.

No es lo mismo trabajar ante una máquina o empaquetando productos en una fábrica, que trabajar directamente para las personas, lidiar con sus frustraciones y egoísmos, estar en medio de pleitos familiares, no poder corregir conductas infantiles inapropiadas que han sido aceptadas y hasta inculcadas por los adultos de la familia.

Definitivamente, este libro es solo un abrebocas de todo lo que pueden vivir quienes se han dedicado a estos oficios. Son muchos los disgustos y las palabras que han de callarse, pero seguramente leeremos mucho más de estas historias domésticas, ya que hay mucho que decir…

Rey D' Linares
Poeta, Escritor, Educador y Editor
Presidente de Editorial Giraluna Latinoamericana

Contenido:

Muchas mujeres en el mundo fuimos educadas para ir a la universidad, para graduarnos con calificaciones sobresalientes, tener éxito en nuestra profesión, y lograr un matrimonio feliz. En nuestro vocabulario no existió la palabra enfermedad. Solo se nos habló de la vida y de sus territorios algodonados, pero jamás de nuestra muerte, y menos de la muerte de otros.

Se nos dijo que el éxito estaba asociado a las cosas materiales, y académicas, pero nunca al servicio.

Soy de la generación a la que se le enseñó a llorar por Shakira y Ricky Martin, y a olvidar que en casa existe una tía abuela postrada que necesita un cambio de pañal, y que solo un miembro familiar es capaz de sentir compasión por ella, como un acto de responsabilidad humana.

Hacerle creer a una niña que la vida es un cuento de hadas, es llevarla directamente a la horca o entregarla a la hoguera. En su castillo de cristal trastabillará y arderá en las llamas del desconocimiento, que no tiene nada que ver con bibliotecas, sino con aprender, aceptar y afrontar que la vida no se reduce a su ombligo, que no es la protagonista de ninguna historia, que su historia la escribe ella misma, y que la historia la construimos entre todos. Que las princesas no existen, pero que si existe la enfermedad y la vejez, y que muchos de los enfermos y ancianos son abandonados por vergüenza, o porque ya no son productivos en un mundo letalmente competitivo y consumista.

Cultivar y comercializar la fantasía en un planeta que necesita sumar iniciativas abocadas al servicio, es un suicidio a la inteligencia, y al amor mismo.

Reformular conceptos de vida nos hará bien, será como paralizar por al menos un mes las miles de industrias que hoy contaminan la capa de ozono, será como apagar el auto y por primera vez disfrutar de la caminata, será como no encender la luz, y de una vez por todas decidir contemplar las estrellas.

Creo que debemos aprender a respirar nuevamente, y vaya que tiene su lógica en estos tiempos virulentos, replantearnos la educación de los presentes y de los futuros niños y niñas, quienes merecen tener una infancia amorosa, si bien alimentada por la imaginación y la creatividad, también por las historias humanas, reales, las narraciones ingratas de las que de forma directa e indirecta están latentes en su realidad.

A los niños y a las niñas así como se les enseña sobre lenguaje, matemática, arte y deporte, también se les debe inculcar a través de la familia y de alguna materia escolar teórica y práctica el amor por el servicio. Deben ser llevados por sus padres y maestros a visitar a los enfermos en los hospitales y geriátricos, así como hacerse conscientes de ayudar, aportar y contribuir con el cuidado de algún familiar o amigo suyo convaleciente.

De esta manera aprenderán que no solo se trata de pagarle a un desconocido para que cuide a su madre, padre, abuelos, hermanos, tíos y primos, sino de servir con alegría a otro ser humano que necesita superar una enfermedad o despedirse en paz, como lo desearíamos todos. Si se nos enseñara desde niños a ponernos en los zapatos del otro, seguramente el mundo gozaría de seres humanos más empáticos, y con una lógica de vida más sensible y justa para todos.

La autora

Mandamientos de las cuidadoras

1.-) Tratarás a tus pacientes como te gustaría que te trataran a ti.

2.-) Tratarás a tus pacientes como te gustaría que trataran a tus padres, a tus abuelos, hermanos y seres queridos.

3.-) Cuando sientas que ya no puedes más, que pierdes la paciencia y la tolerancia, renuncia y busca otro empleo.

4.-) Practica yoga o meditación.

5.-) Toma agua.

6.-) Aliméntate bien.

7.-) Come frutas.

8.-) Practica algún deporte físico (camina, trota, y nada).

9.-) Aprende a decir NO, si lo requiere el caso, con suavidad y mirando a los ojos al paciente o a sus familiares.

10.-) Lee sobre lo que te guste al menos una hora durante el día.

11.-) Si es de tu agrado dibuja o pinta figuras geométricas del budismo, conocidas como mandalas.

12.-) Siempre que puedas escucha música.

13.-) Recuerda que cuidas a un enfermo, y que no estás en una cárcel.

14.-) Inserta creatividad a tu labor de cuidadora haciendo lo que te gusta para que mantengas la jornada con un buen ritmo energético.

15.-) Si al paciente le gusta hablar, disfruta de la conversa, y si no, busca hacer lo que te entretenga, y despeje tu mente.

16.-) Pase lo que pase mantén la mente ocupada. Siempre hay cosas por hacer.

17.-) Pasa tiempo contigo y reflexiona.

18.-) Si deseas cantar, bailar, silbar, brincar, busca la forma, tú sabrás cuando hacerlo.

19.-) Cuando desees quejarte, maldecir, y llorar siéntete libre de hacerlo, solo tú sabrás cuándo y dónde.

20.-) Jamás hagas algo que atente contra tu dignidad, tomando en cuenta que tú cuidas la dignidad y la estabilidad física y emocional de otros.

21.-) Tu estabilidad emocional es tu mayor tesoro, tanto para tu vida como para poder lograr hacer un trabajo en armonía con el paciente y su familia.

22.-) Cultiva tu estabilidad emocional.

¡Si usted no sabe, aprende!

¡Mujeres! Se los juro, en mi vida había cambiado un pañal.

Nunca lo hice, ni con un sobrino o ahijado. No pensé que podía llegar a hacerlo porque por razones naturales solo lo asociaba a la maternidad y como sabía que no tendría hijos, entonces esa historia de pañales fue un tema que para mí simplemente no existió.

Pero el día que llegué a la casa de Azul, no sabía exactamente quién era Azul, y literalmente quedé azul cuando me recibió con un pañal MEGA cargado, a punto de estallar. Ahí estaba yo, frente a ella, frente a una niña de 32, que acostada en su camita caliente, no sabía dónde estaba, y para ser franca en ese momento también estuve a punto de perder la noción del tiempo, de perderme en un ataque de angustia, de llorar a cántaros, y de salir corriendo.

Petrificada, y al mismo tiempo tratando de poner en orden mis emociones, luego de una escena casi perturbadora (hoy aleccionadora), mi intuición comenzó a decirme que respirara, entonces inhalé y exhalé una y otra vez, y nuevamente apareció la niña Azul ante mis ojos, mirándome siempre con una serenidad épica, entonces los miedos, la confusión y el ego salieron de la habitación, y por un mes cambié hasta ocho pañales diarios, con la vocación y la soltura de las enfermeras de geriátricos.

Lo que quiero decir con esta historia es que muchas empresas de cuidados, en el momento de contratar a su personal no les dicen con sinceridad en qué estado se encuentra el paciente. Muchas veces no profundizan en la patología y en las tareas extremas que deberán desarrollar las cuidadoras por temor a que no se comprometan con el caso. Antes que la buena atención hacia el enfermo, pareciera que su mayor preocupación perder un cliente más para su empresa.

Tu sí irrevocable también es clamado por los familiares del discapacitado o adulto mayor, entre el desespero por encontrar a alguien que se haga cargo. Hay un espeso silencio entre las empresas y los familiares de los pacientes cuando le entregan la vida de éste a una cuidadora.

¡Mujeres! en mi camino como cuidadora descubrí que en muchos casos las empresas solo cuidan su bolsillo a través del bolsillo del paciente, y que a los familiares solo les importa su tiempo; libertad que pagan a desconocidos para que se hagan cargo de sus padres, abuelos, tíos, y hermanos.

Entonces, considerando esto que te cuento según mí experiencia, te pido que te detengas sin victimizarte ni ver como monstruos a familia y empresa, y mires o recuerdes a la persona que ahora cuidas. Obsérvala en silencio y date cuenta que es un ser humano desvalido que está en medio de intereses que aunque no le competan lo afectan, y pudieran empeorar su salud.

Continúa observándolo, sin incomodarlo, y piensa que esa persona que ahora miras, bien podrías ser tú, o tu madre, tu padre, tu hermano, tu abuelo, o un familiar y amigo tuyo muy querido.

Míralo y descubre que ese ser humano y su circunstancia ahora están bajo tu cargo, y solamente tú decidirás que trato darle; está en tus manos, y es allí entonces que deberás preguntarte si tú o un ser amado estuvieran en su situación, cómo quisieran ser tratados. Es básico, natural, y no tiene nada que ver con la religión, no es una práctica mística, ni académica, pues para darle un trato digno a un ser humano no necesitamos habernos tragado tomos bíblicos y haber aprobado la mayor prueba de intelectualidad, solo se trata de empatía, y quizás ni siquiera estamos hablando de tener un buen corazón, sino de ponerse en el lugar del otro. Con practicar la empatía, será suficiente.

Entra en su piel por un momento, y recuerda que siempre, bajo cualquier situación cualquier ser humano querrá sentirse bien. Entonces, respira y cumple con la misión que por alguna razón te fue encomendada temporal o indefinidamente, y hazlo con respeto, compasión y amor.

Y cuando sientas que ya no puedes más, que estás a un paso de perder la paciencia, cambia de paciente, o dedícate a hacer algo que te haga feliz, porque todos tenemos derecho de estar donde queramos, y con quienes queramos.

Si eres una mujer sola, madre soltera, o migrante, si aún no puedes quedarte sin trabajo porque no tienes un sostén económico, comienza a buscar otras opciones laborales, pero evita seguir como cuidadora por obligación porque será negativo tanto para ti, como para el paciente y el entorno. Escucha siempre a tu intuición porque ella te dirá cuando deberás partir.

Recuerda que nadie tiene la culpa de envejecer, recuerda que la vejez es una bendición, aunque el mundo la venda como una desgracia, recuerda que tú no sabes si tendrás la dicha de envejecer, y mucho menos te imaginas en la condición en la que llegarás, y si también requerirás ser asistida por una desconocida, como hoy lo eres tú para la paciente que cuidas.

Hay familias que indudablemente aman a sus

enfermos. Te pido que ahora te metas por un momento en la piel de los familiares de la persona que ahora cuidas y hagas un alto para preguntarte qué significa para ti la libertad, segundos después estoy segura que descubrirás que es uno de tus tesoros más preciados, es probable que a partir de ahora te hagas más consciente de que cada persona en el mundo desea conservar su libertad, no tener ataduras y mucho menos cuando esas ataduras sean enfermedades ajenas por atender.

Lo que te quiero decir es que ninguna persona en el mundo desprecia su libertad, todos queremos movernos a nuestras anchas, hacer las cosas que nos gustan y no tener ningún impedimento que arruine esa posibilidad. Entonces, una vez internalizado el asunto te hagas consciente de que por alguna razón que trasciende tus carencias económicas, sociales y de género, te correspondió ganarte la vida cuidando enfermos.

Haz lo posible por no ver tu realidad de cuidadora como una tarea en la que no tienes otra opción que lidiar con enfermos, pues ese término tan frío y distante quizás solo aplique a las cárceles, y aunque la enfermedad resulte una cárcel en sí misma, haz las paces con ella y comienza a decirle a tu cerebro, a través de un diálogo interior, que deberás cultivar diariamente, y que consiste en decirte cosas buenas y tratándote bien a ti misma, de que quizás hayas nacido también para liberar y transformar esas enfermedades en experiencias sanadoras para tu vida, quizás así como la enfermedad habita en ese cuerpo casi extraño que ahora atiendes e higienizas, tú también estés allí para aprender ciertas cosas que solo el misterio de la vida te las irá develando con el tiempo.

¡Mujer! debes aprender a ponerte en los zapatos del enfermo. Pero también debes exigirle con respeto a la familia de tu paciente y a la empresa que te contrató, que se ponga en tus zapatos. Puede que muchas veces no lo hagas de manera explícita, pero siempre habrá formas de hacer valer tus derechos como ser humano. Con serenidad y sabiendo comunicar lo que no te agrada tanto con la palabra, como dando el ejemplo, podrán ser bien recibas cualquiera de tus inconformidades para su posterior reflexión y mejoramiento en la relación laboral. Y si estás segura que de ninguna manera podría llegarse a ningún acuerdo, porque intuyes que continuará el irrespeto o la situación que fuere no mejorará, renuncia, cambia de paciente, o busca otro oficio que te haga feliz.

Por último, recuerda estar muy atenta con lo que te diga la empresa el día de tu contratación sobre la condición física y emocional de tu futuro paciente, ten en cuenta que ese momento será crucial para tu decisión. Que no te juegue en contra esa frase gastada del ¡Si usted no sabe, aprende! de vez en cuando es bueno recordarle a las empresas que trabajan con seres humanos, y no con cosas.

¡Se solicita doméstica!

Las lecturas que más me divierten, son aquellas que tienen que ver con anuncios publicitarios. No hay mejor espectáculo el observar como unos a otros nos vamos vendiendo el mundo bajo la mirada seductora y golosa del marketing. Vender emociones a través de los diversos productos que ofrece el mercado, definitivamente es una fiesta que hace vibrar el mapamundi.

Pero las lecturas con las que no puedo parar de reír son las que tienen que ver con la búsqueda de domésticas. Una vez leo ¡Se solicita doméstica! Me entrego a la lectura de forma automática porque sé que encontraré las peticiones más disparatadas de familias que claman con urgencia que entre a su casa una mujer que les resuelva la vida con todo ese tema fastidioso de la limpieza, y de cualquier otro quehacer doméstico.

Aquí va uno de estos anuncios que en la marcha fui reconstruyendo según diferentes solicitudes publicadas, casi inverosímiles.

¡Se solicita doméstica!

Necesitamos una chica entre 25 y 55 años para que realice labores de limpieza profunda.

Que sea atenta, cariñosa, de buen carácter, simpática, discreta, y que no haya que mandarla a hacer sus tareas.

Deberá además lavar la ropa, planchar, cocinar, hacer los mandados al mercado, regar las plantas, y llevar y traer la ropa de la tintorería.

Somos una hermosa familia conformada por: madre, padre, suegra, una niña y un niño, ambos de siete años (gemelos), más una niña recién nacida.

Los niños son muy disciplinados, respetuosos, y no tienen manías para comer, así que se comerán todo aquello que la doméstica prepare. Sin embargo, papá, mamá y suegra, cada uno tiene una dieta estricta por cumplir que la doméstica deberá aprender progresivamente.

A esta maravillosa familia se suma un perro que deberá ser alimentado e higienizado por la doméstica.

La jornada es con cama adentro de lunes a viernes de siete de la mañana a nueve de la noche.

Nota1: La niña recién nacida usa pañales de tela, los cuales deberán ser lavados a mano y supervisados posteriormente por la madre de la criatura para confirmar que hayan quedado limpitos.

Nota 2.- Durante las horas de trabajo preferiblemente que la doméstica no utilice su teléfono celular.

Y yo agregaría a esto último, que si puede tampoco respire, coma, ni vaya al baño.

Es evidente que muchas familias no buscan a una empleada de carne y hueso, sino a la mismísima mujer maravilla.

Cuando uno lee las publicaciones de ¡Se solicita doméstica! está leyendo la búsqueda desesperada de una cosa que no existe, pero que la necesidad la crea a merced de las disparidades sociales y económicas.

Muchas domésticas existen antes de entrar a los lugares donde han sido contratadas, y una vez dentro son cosificadas y arrimadas como los mismos traperos que utilizan para abrillantar los pisos de las familias y de las empresas para las que trabajan.

Las domésticas son testigos silenciosos de cómo la sociedad de la reproducción va prolongando, propagando y legitimando en el tiempo las diferencias sociales, la estupidez, los prejuicios, y la fatuidad. Padres, madres, tíos y abuelos reproductores de monstruitos, las siguientes generaciones que engendrarán conductas de superioridad y que enmascararán sus malos tratos con elegantes sutilezas justificadas en su totalidad a comportamientos culturales y de status.

Si un padre, un tío o un abuelo, grita a la doméstica delante de sus hijos y nietos, no es de esperar que estos asuman una actitud respetuosa hacia ella. Si padre y abuelo son capaces de dirigirse dulce y suavemente a la doméstica con fines sexuales, es muy probable que sus hijos y nietos hagan lo mismo de adultos.

Si una madre, tía o abuela, reclama y se queja permanentemente sobre el trabajo precario que a su parecer realiza la doméstica, los niños y las niñas una vez crezcan vivirán en un mar de lamentos afirmando que las sirvientas (como en muchas partes del mundo todavía se les llama), solo sirven para dar dolores de cabeza, por perezosas, ignorantes, ladronas y facilitas.

Las domésticas no son merecedoras de compasión, sino de respeto, como cualquier ser humano. Las domésticas no son extraterrestres y mucho menos objetos. Decirle a un niño que sienta compasión por la doméstica es la cosa más desubicada y ridícula que se le pueda enseñar. Al decirle que se le debe tener compasión, se le está diciendo de manera implícita que la doméstica es un ser inferior y que merece la lastima de todos. Sabemos que desde una posición de poder conviene subestimar términos como la compasión dentro de la vida en sociedad.

Un padre y una madre deberían explicarle a sus hijos

que las tareas que realiza la doméstica ellos también podrían realizarlas, pero por el hecho de trabajar fuera de casa para pagar los gastos no pueden asumirlas. Hacerlos conscientes además de que deberán tener un comportamiento respetuoso con la doméstica y colaborar con ella en tareas diarias como: sacar la basura, lavar los platos, sacar el polvo, y hacer mandados, entre otras labores acordes a su edad.

Si esto sucede como algo natural en la familia los niños y las niñas aprenderán oficios y labores que nada tienen que ver con servilismo y degradación, sino que más bien les serán útil a lo largo de la vida. A través de estas acciones también verán a la doméstica como alguien que apoya y colabora en casa, y no como un burro de carga, que debe tolerar niños malcriados, y padres y madres con comportamientos abusivos. Al implementar hábitos de convivencia, entenderán además que aunque en la vida real aún existan palacios, tronos, reyes y princesas, la esclavitud fue abolida en 1854, y que nada perderán con servirse un vaso con agua, recoger los juguetes, o tender su cama.

¡Atención cuidadoras y domésticas!
¡Llévense al domicilio el papel toalet, y si pueden el toalet también!

Quien ha sido cuidadora y doméstica sabe que un metro de papel higiénico bien podría representar la guerra o la paz en un domicilio. Cultura, costumbre, tacañería, ocio, aburrimiento o ensañamiento, pero de qué tan acomedida seas utilizándolo, dependerá que la familia del paciente, y hasta el mismo paciente te acepten o no.

El conocido papel toalet en un domicilio es el medidor que te permitirá tener una idea de qué tan grata podrá ser tu estadía en él, y de cuánto podrá ser el tiempo en el que estarás a cargo del paciente. Así como por un tema de austeridad, parece ser que las familias de los discapacitados y adultos mayores también han llegado a la conclusión de que los viajes al baño delatan tu nula, poca o mucha determinación para lograr un buen servicio.

Puede que el análisis de quienes pagan la asistencia tenga una explicación psicológica asociada a la ansiedad, y a los excesos gastronómicos en los que pudiera incurrir la cuidadora o la doméstica dentro y fuera del domicilio, comportamientos que además los mantendrá alertas con lo que sale de la nevera.

Lo cierto es que si un papel higiénico no dura por lo menos quince días en un domicilio, se formará una discusión casi académica que incluirá agendas en pizarras acrílicas y papeles de libretas donde quede sellado el día de inicio y final del consumo del kilométrico rollo.

Insisto, el papel toalet es un tema muy serio que se

discutirá en cualquier domicilio, tal como si se estuviera discutiendo en un quirófano si es necesaria la amputación de algún miembro. No es posible que el papel higiénico se acabe en una semana, porque la austeridad no es una enfermedad, sino que forma parte vital del servicio que deberá incorporar la cuidadora o doméstica en su jornada laboral. La austeridad en un domicilio deberá cumplirse como la toma de los medicamentos del paciente.

Un papel toalet podría convertirse en un refugio para drenar o enmascarar la angustia, así como también convertirse en un tema fundamental para justificar el ocio, la pereza, y la maledicencia, y finalmente determinar el desorden y despilfarro de un extraño o extranjero.

Kilómetros de papel higiénico almacenados en húmedos territorios ansiosos por correr por el desagüe. El papel toalet invicto y glorioso como el tema de moda de alguna revista. Como cuidadora y doméstica tengo la sospecha de que un papel toalet puede ser el fármaco más efectivo para mantener la estabilidad emocional de una familia entera. Quizás no todo sean químicos dopamínicos para aliviar y superar patologías físicas y mentales.

Probablemente el 50% de las cuidadoras y domésticas del mundo hayan descubierto con el tiempo que el papel toalet no es una excusa para pelear, distraerse o disfrazar la pereza y la infelicidad, sino que en los próximos años la ciencia lo incluirá a la farmacología psiquiátrica, en donde un enfermo con tan solo mirarlo recuperará su cordura y la alegría de vivir.

Un viaje por la condición humana

Los seres humanos somos la fauna más adorable y detestable, por lo que las relaciones entre personas y la convivencia de éstas en cualquier espacio, son como una línea de fuego próxima a la calefacción, purificación y sanación, o por el contrario, a la explosión, y a la tragedia.

La convivencia tiene un alto voltaje, y es el acto más aleatorio del que nadie se salva. Comprar un número de lotería, una determinada marca de porotos, o un canasto de frutas, resultaría más cercano al acierto, a saber lo que sucederá.

La convivencia en un domicilio bajo la figura de cuidadora o doméstica, también es un universo fascinante por la cantidad de personajes que encontramos en esos lugares de diferentes tonalidades lumínicas y energéticas.

Desde niña tengo la creencia de que no somos personas, sino personajes que tejen y entrelazan sus vidas entre historias. Y en este viaje como cuidadora y doméstica, he conocido un sinfín de personajes con los que ustedes seguramente se identificarán desde el llanto o la risa. Quizás en esos seres que por alguna razón me parecen escapados de alguna película o cuento, nos encontramos a nosotras mismas, aunque sea un poquito, porque finalmente también formamos parte de la narración de las historias. Sabemos que en sus domicilios nos hemos roto, reparado, divertido y erupcionado. Pero lo más importante es que sabemos que en esos espacios nuestro interior se ha fortalecido.

Curtidas por la experiencia, entre pausas y trasnochos avanzamos y descubrimos que muchos de estos personajes son un milagro en la maravilla de su individualidad, y que sus diferencias no son muros, sino ventanas para reconocernos en el mar de la condición humana. Gratos o no, cada ser humano es la mejor manifestación del presente.

A continuación, mencionaré algunos de los pacientes y de las familias que marcaron mi historia como cuidadora y doméstica.

1.- Llegué a cuidar a una mujer de 52 con Síndrome de Down quien me enseñó cada vez que la higienizaba que también podemos bailar con el sonido del secador de pelo. Jamás olvidaré su cadencia, casi infantil, cuando la peinaba.

2.- Recuerdo el carácter eléctrico y malgeniado de la tía de otra paciente. Controlaba el papel higiénico y la comida de la despensa, mientras me escribía la receta de una sabrosa torta hecha con membrillo, llamada pasta frola, y me enseñaba a doblar las camisas de mangas largas que para mí suponían un desafío algebraico. A sus setenta, presumía de rigurosas series de abdominales, y de una sonrisa sensual que no delataba sus extremos hábitos de ahorro.

3.- Llegué a cuidar a un octogenario que se ruborizaba durante el cambio de pañal. Una tarde hablaban en el noticiero sobre la cantidad de feminicidios en Latinoamérica, y me contó con voz aquejumbrada acerca del asesinato cometido por un hombre a su esposa e hijas. Decía que el sentenciado había sido víctima de bullying por parte de sus mujeres, y que por esa razón decidió eliminarlas. ¡Pobre, no soportó tanta humillación! me dijo con mirada agonizante.

4.- Otra de las abuelitas que asistí odiaba compartir

sus galletitas a la hora de la merienda. Intencionalmente siempre que podía le decía con mirada de antojo que me regalara de las dulcitas para que el niño no me saliera con la boca abierta, así como dicen en mi país para aplacar la ansiedad o complacer los caprichos del estómago. Ella pronunciaba un "ajá" desganado y estrujaba el paquete hasta abrirlo, para luego dármelo con una cortesía de palacio. Algunas personas aprenden a compartir a los setenta y seis.

5.- Acompañé algunos días a una joven que clavaba el cuchillo tajantemente en las adobadas milanesas de pollo cada vez que me negaba a que me peinara o maquillara. Lo que ella no sabía era que la única vez que me entraba un peine en la cabeza era cuando me hacía un baño de crema, y que no me maquillaba porque hacerlo me producía un calor de menopáusica.

6.- Se llamaba María, pero yo le decía "copito" porque no había visto un pelo tan blanco y tan suave como el suyo. Cada veinte minutos me preguntaba mi nombre, y me decía que le agradeciera a mi mamá por haberme enviado a cuidarla. Copito le oraba al retrato de su marido fallecido, y lloraba por él como se lloraría a un padre. Casi sorda, con sobrepeso y a punto de no poder caminar, se refugiaba en una cama dos por cuatro. De vez en cuando las cucarachas se asomaban por su almohada, y me aliviaba pensar que por su avanzado alzhéimer no llegaría a identificarlas. En cuarenta y ocho horas me percaté que los bichos le seguirían haciendo compañía.

7.- La señora Gloria celaba a su marido de las cuidadoras porque según contaba, éste se había enamorado de una que le hizo comprar una lavadora y luego no volvió más. Decía que la estafadora era evangélica y su marido un ridículo ateo que no caía en cuenta que usaba pañales. La señora Gloria no fue madre y parecía no amar a su marido, sino al niño al que jamás llegó a darle biberón.

8.- Emi tenía ochenta y tres, y todas las noches me decía durante mi guardia en el hospital que le hubiese gustado hacer mi trabajo porque las cuidadoras se ganaban la plata por estar sentadas. La acompañé durante una semana desde las diez de la noche, hasta las ocho de la mañana. A la una de la madrugada rezaba el padre nuestro, insistía en compartir conmigo su frazada, y luego de unos minutos el clonazepan se la llevaba, hasta las siete de la mañana cuando la devolvía para que actuara el omeprazol.

9.- Por dos meses cuidé a una niña de siete. Una mañana en el transporte subterráneo me miró con los ojitos del gatito de la película de Shrek y me dijo que yo era una bendición para su vida. Era coquetísima y le encantaba el reggaetón. Era como ver una mujercita en miniatura, una ternurita que aparentaba gozar de una estabilidad emocional mayor que la de su madre de treinta. Una tarde estábamos en la piscina del edificio, y con la naturalidad de un estornudo me dijo que yo tenía mucha barriga, y que debía mejorar mi figura. Agregó que no me preocupara porque me quería igual. Esa misma noche inicié una estricta rutina de ejercicios que ella misma supervisaba.

10.- La tía Elsa de noventa, lucía de setenta. La cuidé durante una semana y cada tanto se quejaba de un intenso dolor producto de una fisura en las costillas. Una noche veíamos la tv, y de repente hice un movimiento que agudizó mi escoliosis. Con ojos compasivos la tía Elsa me dijo que me acercara para masajearme con el fin de aminorar la dolencia, entonces para no quebrantar su voluntad fui y comenzó a darme palmaditas vitamínicas de bebe que me revitalizaron y alentaron por su carácter compasivo.

11.- Otra abuelita peleaba diariamente con su familia por teléfono, pero tenía una empatía especial por los conductores de los programas de la televisión. Se sabía de la A a la Z la parrilla de los dos canales que sintonizaba diariamente, y decía que no tenía necesidad de salir a la calle porque su felicidad la hallaba en la gente de la pantalla quienes realmente la querían.

12.- La abuelita Mati alucinaba cada tanto, y dormía casi nunca. Todas las mañanas al llegar al domicilio le preguntaba si había logrado conciliar el sueño, y con serenidad clerical me respondía que, "gracias a Dios y a la Virgen de Lujan" había dormido como jamás.

Apuntes de una cuidadora y una doméstica

Además de anotar las direcciones a las que deberán dirigirse, registrar los horarios, las rutinas por cumplir, y aprenderse de memoria los medicamentos por suministrar, las cuidadoras y domésticas también apuntan en hojas sueltas o libretitas todo lo referente a sus deudas, gastos y necesidades por resolver.

Las cuidadoras y domésticas no llegan a concluir sus propias listas sobre los medicamentos o los de algún familiar que deberán comprar en sus quincenas o pagos mensuales. Las que tienen hijos harán listados de útiles escolares, y las que no tienen una casa propia, deberán apartar el dinero del alquiler, de la comida y del transporte.

Si tienen suerte, si les queda algo de sus pagos, las cuidadoras y las domésticas podrán comprarse un buen par de zapatos y un abrigo para cubrirse durante el invierno, o en las gélidas guardias que muchas realizan en geriátricos y hospitales.

Las maletas rodantes son prácticas y casi necesarias para una cuidadora y una doméstica porque les suavizará el camino, y con mayor razón si trabajan por hora, porque una de sus misiones como especie gitanesca será siempre atravesar las arterias geográficas que componen la ruta del enfermo y de la familia que las espera.

La fiesta de las manías

Entrar en la casa de un desconocido es como entrar a una realidad paralela. Es tener que ver las cosas según su mirada, y para resistir, tomarte una poción de invisibilidad, hasta lograr desaparecer.

Cuando me refiero a la fiesta de las neurosis, hablo de todas aquellas conductas y comportamientos realizados por otros, que debemos tolerar como cuidadoras, totalmente ajenas a nuestra forma de ser. Seguro en este momento te vienen a la cabeza las más alocadas y excéntricas acciones de tu paciente y de su familia.

Manías como: el tendido meticuloso de una cama, mantenerse en silencio las veinticuatro horas, si trabajas cama adentro, comunicarse con señas, así como hablar en un tono mínimo, moverte a gatas para buscar los medicamentos porque les molesta la luz, doblar meticulosamente las camisas, no silbar porque es cosa del diablo, comer con los gatos encima de la mesa, no quitar las telarañas, ni barrer durante la noche porque según sus creencias atraen la miseria, y por si fuera poco tirar la basura solo los sábados aunque el tacho esté repleto de gusanos.

Convivir bajo las normas de otros resulta una experiencia enriquecedora por el intercambio en el aprendizaje, pero sabemos que en algunas situaciones que escapan a nuestra voluntad, las diferencias con las que otros asumen la vida, si no las compartimos del todo, podrían traumatizarnos y llevarnos directamente a terapia.

Si convivir en común acuerdo con familiares, amigos o con una pareja, podría tornarse difícil, convivir estrictamente por dependencia laboral, sería como transitar descalzo un camino minado de espinas, o con un alambre o cilicio en las piernas, o peor aún, con una cruz en la espalda.

Entonces, como las cuidadoras no somos mártires, ni santas, ni penitentes, debemos decidir qué manías y qué neurosis consentir, o dejar pasar, sin que afecten nuestro estado de ánimo y nuestra disposición a servir.

Cuidadora, en medio del caos, el sentido del humor es una herramienta poderosa y sanadora para salir airosa de situaciones donde nos provoque escapar o maldecir. La imaginación, empleada con humor, es un aliciente fundamental para entender, aceptar y superar realidades poco alentadoras de nuestro trabajo.

Por ahí dicen que, "el humor salva", y es cierto. Porque si como cuidadoras aprendemos a manejar con inteligencia los caprichos y las excentricidades de nuestros pacientes y de sus familiares, es muy probable que además de aprender nuevas formas de ver y de sentir la vida, también nos reconozcamos en sus trastornos y extravagancias, y nos riamos en silencio.

Comprender al otro no es una tarea fácil, y practicar la tolerancia es como ganar una batalla extraterrestre, tipo película, pero intentarlo es aceptar nuestra fragilidad, trabajar por convertirla en nuestra mayor fortaleza, y en el proceso además entender que las diferencias son naturales y necesarias.

Si como cuidadoras comenzamos a reformular definiciones, afines a nuestra labor, y las adaptamos a nuestro día a día, saldremos victoriosas emocionalmente de cada domicilio, geriátrico y hospital. Si reconfiguramos términos como: diversidad, enfermedad, tolerancia, empatía, humor, trabajo, medicamentos, domicilio, tiempo, creatividad, entre otros, habremos logrado servir a otro ser humano, y no a una empresa.

El enfermo patológico, y el malcriado patológico

Como cuidadoras estamos conscientes de que cuando se nos asigna un paciente se nos está entregando no solo una persona con una enfermedad clínicamente diagnosticada, sino que también se nos está dando a cargo a un ser humano con defectos y virtudes donde incluso podrían imperar peores males relacionados con su personalidad.

La empresa y la familia te darán un informe detallado de todas sus patologías, pero en ningún momento te harán mención sobre su mal temperamento, lo caprichoso e incluso lo grosero que éste pudiera llegar a ser, porque justifican y normalizan su irrespeto, haciéndolo parte natural de lo que deberás asumir durante tu jornada.

Cuando el mal carácter se camufla en la enfermedad comienzan a justificarse las malas contestaciones, la soberbia, las manías, y los malos comportamientos del paciente, junto con sus formas elitistas, racistas, y xenofóbicas.

Así que cuidadora, si estás en un domicilio donde la enfermedad se ha convertido en la excusa perfecta para maltratar a los otros, renuncia hasta dar con un paciente que no esté enfermo de rabia. Solo tú sabrás que tanto podrás tolerar.

Bajo ninguna circunstancia las cuidadoras deben aguantarlo todo, de soportarlo todo, simplemente por la falsa creencia de que lo más humano que existe en un domicilio es el enfermo. Las cuidadoras no deben tolerar comportamientos erróneos como lo haría una madre con su hijo malcriado, la esposa con el ogro de su marido, como la hermana el yugo de su hermano varón, o la empleada al maltrato de su "jefe", y la doméstica de su "patrón".

Cuidadora, atención con asistir a un malcriado patológico porque son devoradores de energía. Son personas que aunque médicamente han sido diagnosticadas con alguna patología, su mayor enfermedad se encuentra en sus emociones desbordadas por frustraciones, rabias, resentimientos y dolores con ellos mismos, con sus familiares, entorno, y con la vida en general.

Si llegaras a tener un paciente con estas características practica la compasión y la empatía, pero vete nomás puedas. Por sobre todas las cosas cuida tu estabilidad emocional, pon límites y toma decisiones. No eres la Virgen María, Teresa de Calcuta, ni la mártir del país en el cual hayas nacido, eres una mujer por la que corre sangre, y que también se puede enfermar y deprimir. Siempre podrás dar con pacientes y familias con los que coincidas y lleves una relación laboral armoniosa.

La enfermedad: Reloj de tolerancia

Cuidadora te has preguntado alguna vez ¿Qué piensa un enfermo? o ¿Qué pensarías tú si tuvieras una enfermedad crónica, o si llegaras a una vejez avanzada?

A ver… la lógica de cualquier enfermedad indica que en una situación de postración o de abandono, quien la padece debe sentirse, además de abatido, incómodo por el hecho de saber lo que le sucede, y es muy probable que en vez de sobrellevar con serenidad su realidad, la transforme en una película de terror.

Entonces, nosotras como cuidadoras debemos reflexionar y preguntarnos si estando sanas y con nuestra alegría de vivir intacta a veces nos abrumamos y sufrimos altos y bajos, imagínate una persona a la que se le ha dicho de manera sutil que deberá someterse a un tratamiento que lo acompañará hasta el final, que padecerá dolores incontrolables, que su estado de ánimo irá desmejorando con el tiempo, que deberá estar las veinte cuatro horas en una cama, silla de ruedas, con muletas, o consumiendo más píldoras que frutas y verduras.

Imagínate saber que tu ciclo natural de vida ya no es natural, y que tu reloj biológico, así como el reloj de agujas ya no circularán e irán al mismo ritmo que el de las personas sanas y productivas. Creo que enterarte de eso a la edad que sea es un golpe a la alegría, a tus ganas de continuar, y a tu instinto de supervivencia. Es una cachetada al ego, es sentir que pierdes tu autonomía, independencia, y ver cómo se esfuman tus deseos. Es como decir: ya va, espérenme, yo también quiero hacer cosas, por favor no me excluyan, no me saquen del juego, porque estoy aquí.

¿Será posible que el ser humano al diagnosticársele una enfermedad, o al llegar a anciano, pierda todo derecho a pensar por sí mismo, a sentir, a soñar, a hacer planes, a ser tratado con respeto, y a ser escuchado, porque otros han determinado que es su final?

Es probable que muchos enfermos patológicos o por edad avanzada aprendan a maquillar sus dolores físicos y espirituales por vergüenza, solo por eso. Vergüenza porque creen que estorban, porque es lo que nos ha enseñado una sociedad consumista y competitiva. Vergüenza porque se les ha hecho ver y sentir como una carga y por esa razón puede que de tanto en tanto les provoque vengarse haciendo pataletas cual bebé con su niñera y familiares. Pataletas que por cierto creo que haríamos todos en su condición porque quienes aún gozamos de salud no somos la excepción.

Quizás el cuidado de un enfermo sea más un asunto místico que requiere altas dosis de silencio. Hacer maromas para que sea feliz, puede que no sea el camino. Quizás el silencio también sea terapéutico.

Cuidadora recuerda que no solo tienes a cargo el cuerpo del paciente, sino sus emociones, y de ellas dependerá todo, y ese todo puede convertirse en la paz o en el infierno de ambos. Cuidadora ten presente que convives entre la montaña rusa de tu paciente, así que haz lo humanamente posible por cultivar su cerebro, es decir, aliméntalo con pensamientos estimulantes, e inspiradores, porque tal vez las fórmulas de ternura y de compasión sean la ruta perfecta para sobrellevar su enfermedad, y con ellas aprenderá a aceptar y a despedirse.

La sociedad trata a los enfermos y a los abuelos

como desechos y estorbos ambulantes, porque ya no
son productivos. No sirven, son una vergüenza, y
entonces son cosificados. De ninguna manera tienen el
derecho de elaborar un proyecto de vida, y de elegir.
Una vez que se les diagnostica o envejecen, son
apartados y condenados a desaparecer del sistema.

Enfermedad, y ocio

Es vital que las cuidadoras nos preguntemos sobre las consecuencias emocionales que podría producir una enfermedad. Sea superable, crónica o irreversible, debemos hacernos conscientes de que una vez diagnosticada una patología, el paciente no solo comenzará a experimentar cambios físicos, sino también psicológicos.

Además de tristeza, rabia, e imprudencia, los malos tratos hacia sí mismo, y hacia los demás, también son comportamientos que podrían instalarse en la vida de una persona enferma. Ni siquiera un antidepresivo es garantía de estabilizar las emociones de alguien que sabe que sus días están contados, o de que padecerá dolencias físicas por meses o años.

Así como la enfermedad es peligrosa porque altera el estado de ánimo, el ocio que desata en el paciente cualquier tipo de patología resulta mucho peor porque cuando el ser humano no hace lo que lo motiva, tiende a aflorar al mundo lo peorcito que lo habita, y por esta razón tu paciente querrá indagar sobre tu vida privada, resaltará tus defectos, y magnificará tus equivocaciones, porque simplemente está aburrido, porque tiene bronca, porque le suministras los medicamentos y la alimentación que le disgusta, y porque la vida para él es una mierda, y porque casi siempre se quiere morir.

Por un mes asistí a una señora que no podía caminar, y durante ese tiempo echó a cuatro cuidadoras alegando que una era una tortuga, que la otra parecía una cerda, que le exasperaba y le asqueaba su sobrepeso, la tercera comía demasiado, y la cuarta simplemente le generaba desconfianza. Cada vez que salía a mi día libre me preparaba para no volver, pensando en que quizás la empresa me llamaría para quejarse y despedirme.

Un paciente atrapado por el ocio creerá que los medicamentos no le están haciendo efecto, no sabrá qué hacer la mayor parte del tiempo, sintonizará todo el día el noticiero para intensificar sus quejas, nada le complacerá ni le hará feliz, y pocas veces escuchará las sugerencias de sus médicos, familiares y cuidadores. La enfermedad parece despertar nuestro lado violento e inclemente.

Ahora, una vez más pensemos como cuidadoras, ¿Qué sentiríamos si se nos diagnosticara una enfermedad mortal? ¿Asumiríamos con serenidad lo que nos sucede?¿Lograríamos procesar, aceptar, entender, afrontar y superar lo que nos agobia desde un estado ideal? Eso no lo sabremos, solo hasta vivirlo. Cada persona tiene una respuesta distinta a lo que le sucede, positiva o no, no todos la asumen con la mejor actitud, y esa es la realidad.

Si una persona sana se deprime, imaginemos un enfermo que tiene que lidiar con su enfermedad hasta el final. En mi camino como cuidadora entendí que no todos tomaran la actitud de José, quien pese al habérsele diagnosticado un cáncer de próstata, mantenía una energía y alegría de vivir imperturbable. Si yo tuviera que darle un nombre a la película de su vida, sería: "Un hombre extraordinario", porque ese señor era la luz de su madre enferma de Parkinson, y de una genética atrapada entre un gen cancerígeno. De no superarlo, sería el tercero de su familia que fallecería por la misma enfermedad.

El ser humano maneja tanta información, como existen desperdicios en los vertederos de basura, por lo que según el psicólogo español Rafael Santandreu, el 95% de nuestros pensamientos justamente es basura. Entonces al tener tanto tiempo para pensar, sino sabemos cómo equilibrar esa saturación de ideas, nuestros miedos, y creencias erradas podrían hacer estallar nuestro cerebro hasta debilitarlo, enloquecerlo o convertirlo en una bomba de tiempo por su grado de irascibilidad y toxicidad.

Amedrentamiento, sobornitos, sutilezas y acoso

Cuando somos niñas simplemente somos, es decir, nuestros comportamientos y los de las personas que tenemos a nuestro alrededor, por lo general son genuinos, de protección y de alegría. Pero a medida que vamos creciendo nos damos cuenta que los usos sociales están supeditados a ciertas prácticas diplomáticas que enmascaran nuestras acciones y las de otros, para bien o para mal.

Estas prácticas en un domicilio en el que labores como cuidadora o doméstica, resultarán a la larga incómodas y hasta dolorosas por las distintas formas en cómo se presentan, ya que muchas tienen que ver directa o indirectamente con el maltrato psicológico que te puede dar el paciente o la familia que te contrató.

El ser humano por naturaleza es territorial, y le gusta tener el control en los ámbitos donde se mueve. Y cuando alguien llega a formar parte de su universo de manera automática se pondrá al acecho y manifestará desde las sutilezas su desconfianza hacia el otro.

Entonces, una vez tomada una posición de poder, este otro quedará desvalido y a merced de una persona o de una prole entera. Oraciones contundentes como de que, "si no haces lo que te digo te echo", "negarte la comida en complicidad", "lanzarte las cosas adrede, haciendo parecer que es un accidente, para que las recojas", "hacer malos comentarios sobre tu nacionalidad, religión, aspecto físico, y condición social", así como "hacerte entender que estorbas", o peor aún buscar la forma de manosearte y de mostrarse complacido o complacida con tu servicio, con el fin de lograr favores sexuales a cambio.

Una de mis compañeras cuidadoras fue relegada a comer en un rincón del living, en donde comía la familia entera. En algún momento llegó a decirles que prefería comer en la cocina, pero le fue negada la solicitud. Durante seis meses compartió el mismo espacio que sus contratantes, solo que ella no tenía derecho a sentarse en la mesa, sino en la última viga de la sala donde se le pudiera supervisar.

Un veinticuatro de diciembre me tocó cuidar a una abuela de 86 que padecía de Alzheimer. Durante gran parte del día estaría sola con ella, incluyendo la noche y la madrugada. Evidentemente para ella no existiría celebración. A las cuatro de la tarde la paciente recibió una visita de una de sus hijas y al verme de inmediato hizo un gesto de asombro preguntándome por qué yo tenía un vestido tan llamativo, si era la cuidadora. Desde las sutilezas me hizo entender que yo era una desubicada, y que no era merecedora de llevar un vestido como ese. Admito que nunca usé uniforme, y que un noventa por ciento del tiempo como cuidadora usé pantalones térmicos durante el otoño, el invierno, y la primavera, así como vestidos largos holgados durante el verano, como ese día que más que ofendida, me sentí halagada, por ese sencillo vestido que compré en una tienda de ropa usada.

Otra cuidadora que conocí fue acosada sexualmente por una doméstica. Me contó que la mujer probablemente estaba bajo los efectos de algún estupefaciente, porque quiso besarla a la fuerza. "Como pude me defendí y llamé a la empresa que me había contratado para notificar la situación, y en ésta se me indicó que debía quedarme en la vivienda hasta que consiguieran un reemplazo, lo que revela que a muchas de estas empresas no les importa la seguridad y el bienestar del cuidador, porque mientras ganan dinero, el cuidador tiene que soportar cualquier cantidad de vicisitudes. Hay cosas que uno tiene que ver, oír y callar porque nunca te van a creer, el cliente siempre tendrá la razón". Este testimonio muestra la desprotección hacia la integridad física de las cuidadoras, por parte de las empresas que las contratan.

Cuidadora y doméstica, el sometimiento en ninguna de sus formas es natural, así que en la vida como nos ha tocado manejar con aplomo e inteligencia situaciones en la calle, otros empleos, o que han tenido que ver incluso con nuestra propia familia, relacionadas con fuerza de poder, bulliyng, irrespeto, y maledicencia, por ninguna razón deberás callar, tolerar y mucho menos rendirte ante el acoso y hacia otras conductas que atenten contra tu dignidad y estabilidad emocional.

¡La fiesta del se me perdió!

¡Se me perdió esto!¡Se me perdió aquello! escucharás decir entre sutilezas.

Se les pierden a los pacientes, y a las familias para las que trabajas, desde liguitas para el cabello, hasta zapatos. A mí por ejemplo, me llegó a decir una de las pacientes que se le desaparecían los cubiertos, las papas, los vegetales, y que estaba muy preocupada porque tenía que estirar hasta por más de un mes el jabón de lavar los platos, el cual también se le esfumaba.

En la fiesta del "se me perdió", a las cuidadoras y domésticas se nos van perdiendo las ganas de asistir a los domicilios, porque se pierde la confianza, y casi la empatía. A veces, no nos queda otra que respirar profundo y de llevarles "la punta", o "la bola", a los pacientes y a las familias, como se dice en muchos países Latinoamericanos. Una persona al estar desocupada, o pensando únicamente en el mal que le aqueja podría desarrollar ciertas manías para molestar a quien lo asiste.

El ocio mal llevado resulta una bomba atómica. Esto nos hace pensar que más allá de una patología, la peor enfermedad tiene que ver con la desocupación en sí misma. Imaginemos si una persona sana muchas veces no sabe qué hacer con su tiempo, la mente de una persona enferma hará de las suyas y podría maquinar, deformar y construir mundos que nada tienen que ver con la realidad, y comenzará a aflorar sus peores miserias.

Me sucedió con una abuela que acompañé por más de un año, que cuando acordé con sus familiares asistir al domicilio seis horas, en vez de doce, por un tema de agotamiento emocional relacionado con el encierro, la señora comenzó a establecer hábitos psicóticos de limpieza, la cual siempre asumí por voluntad, pese a que mi contrato se reducía a su acompañamiento, cuidado y a la preparación de sus alimentos, más no a hacer labores de limpieza profunda.

Esta abuelita llegó a decirme que se le perdían las herramientas de jardinería, y uno que otro implemento de cocina. Además buscaba la forma de programar sus citas médicas fuera de mi horario laboral, a lo que sin drama logré resolver, entrando a su domicilio una o dos horas después de la hora habitual, con el fin de ajustarme a sus impredecibles visitas al médico. Algo que aprendí como cuidadora y doméstica, fue a no tomarme nada personal, sino a ver las actuaciones ajenas, ya sea por enfermedad o personalidad, justamente como un proceso externo, ajeno a mi propio proceso de vida. Eso sí, siempre supe diferenciar el "Si" del "No", para poder avanzar, hacerlo te da paz y seguridad, porque te indica que lo estás haciendo bien.

Esta paciente que detestaba el ruido y apenitas se le escuchaba cuando hablaba, motivado también a mi cambio de horario, durante un mes completo llegó a subir al máximo el volumen de su celular para escuchar una canción. Era algo así como, "perra, perra, tú me abandonaste como a un niño, perra, ahora arderás en el infierno, perra". Pasado los días comencé a tararearla, y luego a cantarla con ella, hasta que los meses sucesivos solo llegó a ponerla de vez en cuando con cierta vergüenza.

Con su reacción comprendí, que tal como decía la canción ella sentía que la había abandonado, sentía que con mi cambio de horario la había traicionado, y puedo decir con el corazón que la entendí, porque los seres humanos cuando vivimos épocas de soledad y de orfandad, y llegamos a sentirnos protegidos por otro ser humano, esa persona inconscientemente la sentimos como nuestra, quizás no lleguemos al punto de cosificarla, pero sí de creer que llegó a nuestra vida como un protector divino, y no como un desconocido al que se le paga por su tiempo.

¡Yo te doy! ¡Tú me das!

¡Yo te doy comida!¡Te regalo ropa!¡Te doy permiso las veces que lo necesites!¡Pero tú me tienes que dar todo lo que precise!

Y todo implica callar, otorgar, aguantar, soportar, complacer, e incluso hacer favores que desde las sutilezas podrían tener que ver con lo sexual.

Cosas como: ¡Yo te hice este favor, así que descuéntalo del mes que me corresponde pagarte!

Cuidadoras y domésticas, si de entrada pones límites y estableces una relación estrictamente laboral, no llegarás a tener ningún tipo de inconveniente ni con el paciente, ni con la familia que te contrate.

No se trata de que lleves una relación robotizada, gélida e inhumana, sino de manejarte con respeto, para que evites malentendidos, y logres una relación laboral sana.

Mantén tu vida privada resguardada, y jamás le preguntes a tus pacientes y a las familias para las que trabajes, sobre su vida íntima, si esto sucede caerás en una relación de confianza, que a la larga no tendrá nada que ver con amistad, sino que se prestará para aceptar peticiones que en algún momento podrían llegar a incomodarte, y que tienen que ver con aceptar juegos de palabras y acciones enmascaradas de irrespetos hacia tu rol de cuidadora, o como mujer y ser humano. Solo tú sabrás reconocer cuando una relación laboral nacida en un domicilio es genuina y valga la pena cultivarla, porque simplemente no se espera nada a cambio.

Recuerdo un comentario bastante pintoresco que me hizo la tía de una de las señoras con la que llegué a convivir durante cinco meses. Cercana a la hora de dormir me aconsejó que tenía que soportarlo todo en cualquiera de los domicilios donde trabajara porque una de sus amigas le había contado que una cuidadora que aguantó por años las humillaciones de su paciente, éste le heredó todos sus bienes.

Esa noche comprendí que la ingenuidad narrada, sabe a cielo, y que si bien muchas historias tienen una carga de manipulación y de dominación evidente, otras parecen estar acunadas en fábulas que te permiten defenderte del dolor, y de darte el permiso de legitimar falacias, que aunque en el fondo sepas que son más falsas que un diente de pinocho, te rescatan en esos días de tristeza y desaliento de los que ninguna cuidadora y doméstica se escapan.

¡Agradece! En otro país podría ser peor

El ser humano tiende a creer que todo lo que está a su alrededor le pertenece. También cree que los demás están en la obligación de entender las cosas a su modo. Hay algo natural en él que le hace pensar que es único, y especial, y que el resto debe adaptarse a su verdad, como única realidad universal.

Nuestra egolatría y tendencia a la posesión, muestra nuestra infinita ignorancia al creer que somos la única especie privilegiada en gozar de todas las razones y derechos.

Cuando trabajas como cuidadora y doméstica en el extranjero, parece que más bien trabajaras en otro planeta, con otra especie, una superior, divina, y salvadora, enviada por Dios. Los seres humanos cuando gozamos de ventajas por razones sociales, políticas, económicas, religiosas y culturales, podemos llegar a pensar que somos los elegidos para gobernar la vida de otros.

En el extranjero, a muchas de las cuidadoras y domésticas se les recordará sobre el suelo que las sostiene, y sobre el aire que se les permite compartir. Ellas sentirán un agradecimiento acuestas que se paga con el silencio.

Cuidadora y doméstica, si eres extranjera, y te dicen que las cosas pudieran ser mucho peor en otro país, ten tus reservas, quizás solo te quieran hacer creer que estás en el lugar indicado, pese a que no te sientas a gusto en el trabajo. Recuerda que no se trata de razas, ni de culturas, sino de laborar con personas que practiquen el respeto y la tolerancia.

En mi camino como cuidadora y doméstica en el

extranjero llegué a cruzarme con personajes que defendían y justificaban sus formas y maneras irrespetuosas de actuar ante determinadas situaciones, alegando que su comportamiento era natural en su cultura.

Me sucedió con una señora que sintonizaba el noticiero durante el almuerzo. Mientras comíamos quería que a toda costa le diera mis impresiones sobre los asesinatos, secuestros y los peores sucesos transmitidos, yo me limitaba a contestarle de forma breve. La escandalizaba mi indiferencia, ella sabía que sus preferencias televisivas no tenían nada que ver con las mías, porque lo que a ella le estimulaba el apetito, a mí me lo liquidaba. Simple, me enganchaba los audífonos y los llevaba casi al máximo, mientras ella monologaba, yo asentía gesticulando con espanto por todas las desgracias del mundo.

Con otra paciente, ocurrió que un día sufrí un repentino y profundo dolor estomacal exactamente media hora antes del almuerzo, por lo que decidí comerme la manzana que correspondía como postre para aliviar el malestar. Mi acción desató la furia de la señora quien de inmediato me sermoneó por incumplir con el protocolo del almuerzo. Le dije que la comería porque no iría en contra de mi salud, y cedió con un gesto iracundo. A las nueve de la noche me llamó por teléfono y con voz de abuela me preguntó cómo me sentía, le agradecí la comunicación, y entendí como dice la canción que, "a veces la costumbre es más fuerte que el amor".

¡Los tipos sueltan los perros!

Si el domicilio donde trabajas está conformado por una familia tradicional, papá, mamá e hijos, prepárate y no bajes la guardia.

Si bien existen hombres respetuosos con sus parejas, y con las mujeres en general, también es cierto que a muchos no les importa coquetear con la doméstica y la cuidadora delante de sus esposas. Hay osados que soltarán los perros delante de quien sea y te piropearán, alabarán, y hasta te bendecirán para congraciarse.

Con el paso de los días te darás cuenta que en ellos habitan enfermedades milenarias enquistadas y naturalizadas en cualquier sociedad, como el machismo y la misoginia.

Recuerdo que el papá de una de las pacientes con la que me interné durante un mes, me hablaba con un tono rosa y estaba pendiente de mis movimientos las veinticuatro horas, yo era tan parca que lo exasperaba, pero jamás se dio por vencido. Una mañana mientras desayunaban y yo preparaba la medicación de la niña, escuché que llamaba vaca a su esposa, horas después otra de sus hijas lo llamaba cerdo entre risas, delante de su mamá y de mí, porque intuía que me repugnaba más que el olor que desprendían los medicamentos de su hermana.

Úteros: cuidadores y domésticos

Decir mujer, es decir reproducción, pero antes, la mujer es una extensión. Es la costilla de Adán, el segundo sexo, y la última en acostarse luego de un día repleto de tareas corporativas y domésticas. La mujer es un enchufe, un tomacorriente, y un accesorio.

Históricamente las mujeres hemos sido vistas como úteros ambulantes, cositas estimulantes de placer, y una especie de canguros protectores.

Dos más dos son cuatro, como la mujer es para concebir, parir y criar. Criar niños, maridos, padres, hermanos, abuelos y suegros.

La mujer habrá podido ser rescatada en la literatura y en el cine, de ogros, dragones, y espíritus malignos, pero sigue siendo raptada y sometida al yugo de la sociedad de la reproducción.

En China se llegó a creer que la mujer no tenía alma y que por esa razón el hombre podía matarla sin ser defendida por las leyes. Y en el hinduismo, la mujer tenía que morir cuando moría su marido.

La doncella, la bella, la rota, la protectora, la cuidadora, la enfermera, la madre, la abuela, la hechicera, la señora, la señorita, la sirena, el hada madrina, la serpiente, la santa, la impoluta, la rebelde, la salvaje, la heroína, la samaritana, pero la mujer, a secas, no.

Decir mujer, es decir, líquido amniótico, pañales, cocina, visitas médicas, desvelos, y angustias. Se nos ha manipulado al decir que las mujeres son ideales por su sensibilidad para criar niños, enfermos y ancianos.

Así como la mujer resulta un depósito de semen para los machistas y misóginos, también podrían llegar a ser vistas por las mismas mujeres como una bolsita de carga de la sociedad de la reproducción.

La mujer es la columna vertebral de la sociedad de la reproducción y encarna la protección aún en contra de su voluntad. Las niñas no han aprendido a caminar cuando ya se le entrega una muñeca en brazos. La mujer es la muñeca de la sociedad de la reproducción. Concibe, pare, cuida y asume la protección porque sí, porque la Virgen María lo hizo, así como nuestras madres y abuelas.

La Virgen María es la versión patentada del sufrimiento, y en ella el hecho de sufrir la convierte en una imagen divina y excepcional digna de ser multiplicada entre todas las mujeres. Pero… ¿Por qué las mujeres tenemos que sufrir a toda costa? ¿Y por qué muchas mujeres son seducidas por la angustia y la tragedia desde niñas? ¡Definitivamente no somos Santa Bakhita!

A mi abuela materna se le diagnosticó esquizofrenia a los diecisiete, y pese a su enfermedad dio a luz a unos doce porque según era la voluntad de Dios, y el aborto no existía en la población rural donde residía. La ignorancia es sufrimiento, y un pecado mortal.

La sociedad le ha hecho creer a la mujer que por alguna razón es culpable de… es responsable de… es la indicada para… y la salvadora de… En los biberones, hospitales, y traperos florece la ternura para la sociedad de la reproducción. La sociedad de la reproducción cree que el servicio tiene que ver con "penas", "sacrificios", "penurias" y "desgracias". El amor y la compasión son apéndices, agregados necesarios para la sociedad de la reproducción, los marketiza como las debilidades que atienden accidentes, virus y el caos de la genética.

La sociedad de la reproducción desprecia el acto de servir al reducirlo al mero lucro, considera que es un hecho sin ningún tipo de prestigio, es balurdo, vergonzoso, y las mujeres, en este caso, las cuidadoras son las personas, las vírgenes, las señoras ideales para atender las carencias físicas y emocionales en un domicilio, por representar la divinidad y encarnar el sufrimiento.

María Pilar, mi tía paterna, personifica el servicio en su pureza. Desde que tiene uso de razón ha atendido hijos sin ser suyos, ha cambiado pañales sin ser abuela, ha tenido extenuantes jornadas domésticas sin recibir un peso a cambio, y por último, llegó a cuidar a una tía abuela hasta el final.

A mis cinco le grité sirvienta, porque desde las argucias del amor era tratada por todos como una esclava, al menos mis ojos de niña lo veían de esa forma. Con el tiempo entendí que quizás mi tía María Pilar era uno de esos espíritus raros y necesarios para hacernos entender que la libertad no tiene la misma definición para todos, y que la alegría para las almas grandes tiene que ver con el servicio, con esa vocación natural con la que ella nació, y que nadie más en la familia posee en su dimensión.

Los migrantes y el servicio

Superando la explotación y las miserias a las que se somete cualquier migrante producto de los condicionamientos culturales, políticos, y religiosos de otro ser humano, hay un asunto casi mágico y poderoso en el acto de desplazarse a otras geografías, y tiene que ver con el servicio.

Los migrantes descubrimos que el servicio, es el origen, la raíz de la vida, y esta revelación aplica sobre todo a los migrantes que nos preparamos académicamente en nuestros países, y que decidimos comenzar desde lo incierto. En la universidad se nos enseñaron toneladas de teorías, y debatíamos sobre temas sociales vinculados a las injusticias humanas, pero solo quedaron como etéreas ideas incapaces de transformar y mejorar la difícil realidad de otros.

 Muchos recintos universitarios son meros campos de guerra donde lo único que se promueve es la vanidad de poner a prueba la agudeza de tu coeficiente intelectual. Sin empatía, no hay inteligencia. La inteligencia no es presumida, ni hace alarde de extenuantes discursos metafóricos y gramaticales. La verdadera inteligencia reside en el corazón, y tiene que ver con el servicio.

Desligadas de religiones y fanatismos nuestras madres y abuelas campesinas tuvieron una vocación natural para servir. El servicio es el punto de inicio en sus relaciones familiares y colectivas. La vida fue su academia y les enseñó a servirle a peones, a cuidar a ancianos y atender a los enfermos de su familia y de sus vecinos por iniciativa propia, y sin recibir ningún tipo de remuneración.

Mi madre, maestra de escuela por más de veinticinco años, enseñó a leer con el mayor amor a mi hermano menor, a ese niño que mi padre tuvo en su segundo matrimonio. El servicio nace del desprendimiento, y en el no habita el ego.

La empatía nos conecta, y acerca a realidades disímiles que aportan a nuestros procesos personales de vida, porque finalmente todo está conectado.

La mirada de un migrante sufre una metamorfosis. En su viaje percibe que los seres humanos podemos llegar a normalizar la vida extraterrestre, pero seguir tildando de ladrones, oportunistas, y personas no gratas, ni de confianza a los extranjeros.

Seguimos fragmentados, confundidos, y aletargados sin percatarnos que nuestro cuerpo físico y psíquico es el eterno migrante que cada día nace, se transforma y muere en un intento de evolucionar para crecer y florecer en un proceso natural que nada tiene que ver con razas, ni intolerancia, sino con la vida.

Xenofobia arriba de la mesita de noche

Recuerdo una noche cuando terminaba de higienizar a una paciente de ochenta y seis que padecía un cuadro de constipación severa, segundos antes de que su hijo se despidiera le dijo delante de mí que por favor no la dejara al cuidado de una migrante. La expresión del señor me resulta inolvidable por su franca e instantánea vergüenza que solo le permitió girarse con un gesto de quien ha olvidado algo y desaparecer con la velocidad de un gato.

Los abuelos y los padres de Eli fueron migrantes, pero ahora ella era local. Cuando le realizaban ese procedimiento rectal invasivo, casi cruel, los migrantes, Jesús y María siempre estaban en su boca. Las paredes de su casa invadidas por una migración artístico plástica que amó y cuidó más que a su salud, hacía juego con su biblioteca abarrotada de textos de migrantes latinoamericanos y europeos los cuales leyó cada domingo mientras escuchaba una cortina melódica de los más famosos migrantes clásicos y contemporáneos.

A los 15 Eli comenzó a tocar en el piano las obras de Chopin, Mozart, Beethoven, y Rachmaninov, mientras sus cortinas de encajes parisinos a veces las agitaba un gélido viento procedente del sur. Los vientos, también migran.

Si Picasso aterrizara una noche en nuestra habitación, sería para nosotros ¿un pintor o un migrante? Si hubiésemos conocido a nuestra bisabuela indígena, sería para nosotros ¿la madre vieja o una salvaje? Y si un niño extraterrestre se colara por nuestra ventana y jugara con nuestro gato, seguro lo adoptaríamos y amaríamos.

Siempre migrantes, hemos olvidado que somos seres humanos. Las diferencias solo están en nuestra cabeza, y nuestro ego las alimenta y fomenta para nada.

Oficialmente migrantes nos convertimos en una especie de animales circenses y piedras preciosas, porque un migrante hace el trabajo que ningún local haría por desidia o vergüenza. Nosotros como locales seguro haríamos lo mismo. ¿Por qué? Porque pese al adelanto científico y tecnológico, aún no hemos entendido nada.

"Escoba nueva barre bien"

Cuando llega una cuidadora nueva a un domicilio, a la cuidadora con más tiempo en la familia comienza a vérseles las costuras de manera automática y a ser desplazada progresivamente. Esto puede que no suceda en todos los casos, pero es recurrente.

Los familiares de los pacientes suelen decir entre ellos cuando recién contratan a una cuidadora o doméstica, que "escoba nueva barre bien". Este dicho tiene en sí mismo una connotación denigrante y cosificadora porque sería como decir estos zapatos viejos ya no me sirven y los tiro, esta campera está desgastada y la dejo afuera del contenedor de la calle, o ese pantalón está raído, así que ahora pasará a ser un trapero.

Las nuevas cuidadoras y domésticas suelen ser vistas como un producto de alta competencia o duración que no decepcionará a su comprador hasta una fecha más o menos cercana y conveniente a su caducación. Su vida útil dependerá del comportamiento que asuman durante la prestación del servicio, y el silencio será parte fundamental de la garantía que deberán cumplir durante su estadía en el domicilio.

Una tarde de invierno en una de mis guardias con la señora Kramer, quien había sufrido una caída tan extraña como la complicidad con que se miraban ella y su hijo cada vez que algún médico visitante preguntaba detalles sobre el día del accidente, la llamó por teléfono su máxima curruña. En alta voz, ésta le preguntaba por mi desempeño, y sin mayor reparo mi contratante le contestó que todavía yo le funcionaba, y que el día en que dejara de hacerlo me echaría como al resto.

Algunas cuidadoras llegan a competir entre sí, unas congraciándose con los familiares, otras convirtiéndose en permisivas y otorgando a irrespetos al punto de la complicidad por creer que de esa forma conservarán su empleo. Son muchas las que naturalizan conductas erróneas por desgano y por pensar que el buen trato que merecen como ser humano no es posible por un asunto de poder e intereses entre la familia y la empresa, y porque son mujeres solas, resignadas al abandono de las leyes y de sus propios familiares.

La resignación tiene que ver con la mediocridad. La mediocridad es abandonarse a sí mismo, y una enfermedad que se aloja en lugares atravesados no solo por el ocio, sino también por el miedo y la conveniencia. El silencio no es la solución para modificar patrones de conducta que continúan pudriendo en este caso al sistema de salud público y privado. Debemos denunciar y recordar que la pobreza no solo tiene que ver con el dinero.

Cuidadora, doméstica, eres un ser humano valioso que la vida, según tus creencias, ha puesto al servicio de otros, así que cumple con tu trabajo sin irrespetarte a ti misma, ni perder el sentido de tu tarea que no es más que servir, y no de ser servil a otros seres humanos que solo pudieran llegar a verte como un objeto u objetivo. No olvides que tu objetivo es noble, y no tiene nada que ver con lo divino.

Lo que no compete

Muchas veces las empresas como las familias de los pacientes se hacen de la vista gorda para no comunicarle a la cuidadora claramente las tareas que deberá asumir durante su jornada laboral.

En uno de mis acompañamientos con una paciente, ésta me envió a buscar un video juego para su hijo de ocho en una de las zonas más peligrosas de la ciudad. Otra pretendía que le preparara la comida a su esposo e hijos cumpliendo con las indicaciones de una dieta estrictamente individual.

También me sucedió en una de las guardias que realicé por tres semanas, que el hijo de la señora para la que asistía pretendía que además de cuidar a su mamá, realizara trabajos de doméstica, indicándome que debía cumplir con una limpieza profunda en baños, cocina y vivienda en general. Como para algo sirve la experiencia, de inmediato le recordé los derechos y deberes de ambas partes, y como era de esperar familia y amigos de la paciente me bulearon quince días durante la activa vida social que compartían junto a su robot Alexa, quien les obedecía las 24 horas, y era muy querida por todos.

"Alexa muéstrame el dormitorio", y lo mostraba, "Alexa muéstrame el living", y lo mostraba, "Alexa muéstrame el jardín", y la pantalla se inundaba de verde. Y yo en mis adentros más profundos decía: "Alexa limpiales el culo, y si puedes desaparécelos".

Con esta paciente que tenía un familión, muchas veces llegué acceder por amor, a los permanentes mandatos de sus hijos, nietos y amigos. Bien por mi gesto de empatía al saber que la abuelita no era víctima de abandono, sin embargo, en algunas ocasiones pedí ayuda mientras cumplía con mis labores de cuidadora. Ejemplo, un mediodía le dije al bebé de cincuenta y siete (como le llamaba la paciente): "por favor, voltee el pollo que está en el horno mientras termino de bañar a su mamá", y recuerdo que el señor volteó los ojos con más fuerza que el ave que yacía rigurosamente condimentada y a punto de quemarse.

La mañana en la que abandoné el domicilio, doblé y contabilice veinte trapitos de limpieza, los cuales irían a dar muy pronto en las manos de cuidadoras y domésticas, quienes cada vez que se sentaran a descansar por al menos cinco minutos, se les mandaría de inmediato a pasarle el trapito a cualquier rincón sucio y polvoriento de realidad o de imaginación.

Cuidadora, el día de firmar el contrato pide que se te entregue por escrito cada una de las tareas que deberás llevar a cabo dentro y fuera del domicilio. Y si por alguna razón te das cuenta que no hay claridad en el asunto, entonces por iniciativa propia saca papel y lápiz, y anota una a una tus responsabilidades con el paciente, de esta forma tendrás un cincuenta por ciento de tu paz asegurada durante tus guardias. Las cosas, como son, así que cumple impecablemente lo que te corresponde, presta un buen servicio, y punto.

Husmean tus cosas: registros autoproclamados

Durante cinco meses me interné de lunes a viernes en un domicilio con Lulú, con Síndrome de down. Vivía con ella y una de sus tías. La jornada laboral consistía en higienizarla, prepararle la comida, llevarla a la escuela especial, y a sus consultas médicas, así como pasearla por las tardes.

Un día, llegó al domicilio, una de las hermanas de la paciente, y transcurrida una media hora me pidió que me acercara al lugar donde se me había indicado colocar mis pertenencias con el fin de que presenciara como las supervisaba una a una, y sin previa consulta. Me dijo que sentía mucha pena por tener que registrar lo que no era suyo, pero que era su deber porque aunque yo llevara meses en su casa atendiendo a su hermana, ella no sabía quién era yo realmente.

Para mi sorpresa, recuerdo que con la serenidad de un monje me senté en un banquito a verla con un gesto indicativo, de que no pasaba nada, y mientras sacaba una por una mis cosas, me di cuenta que la mayoría de mis prendas de vestir eran de color negro y marrón, y que además debía tirar urgente unas botas de cuero que había comprado en una tienda de ropa usada que me estaban deformando el pie izquierdo.

A veces lo incómodo y trágico podría transformarse en un hecho útil, en este caso para mi salud física y mental. Así que nomás terminó la pesquisa, me deshice del calzado y en adelante traté de comprar prendas de vestir de tonalidades más alegres, porque yo, que en mi interior me sentía como una niña, me estaba vistiendo como una señora, como una cuidadora de treinta y seis. Definitivamente todo depende de la mirada.

El dilema de la cuidadora y de la doméstica

En un domicilio las cuidadoras y las domésticas son la representación más genuina y franca del servicio. Hay quienes las ven como una especie de hermanitas de la caridad, o una imagen sagrada capaces de soportarlo todo.

Y justo, ese retrato impoluto de aguante produce en muchas de ellas un estado de ansiedad e incluso de confusión y dilema que les conlleva a preguntarse en los momentos más críticos de su relación laboral, cuál es el límite de la tolerancia, y hasta qué punto deberán entender la falta de empatía de su paciente, y la de sus familiares.

¿Soy mala? ¿Soy buena? ¿Qué debo hacer? Siempre misericordiosa, piadosa, siempre presta y santa. Pero ¿quién conoce las emociones de una cuidadora y de una doméstica? ¿Quién las entiende a ellas? Aunque su prudencia y silencio las haga parecer monjes tibetanos, y la mismísima Virgen María, no son más que mujeres por las que corre sangre, y a veces les hierve, y a veces también les salta el corazón.

Las madres y las abuelas son las cuidadoras y las domésticas de siempre. A ver... ¿Cuántas veces le preguntamos a nuestras madres y abuelas sobre cuáles eran sus sueños mientras recogían los platos sucios de la mesa para luego ir a tender la ropa lavada a mano? ¿En qué momento del día les recordamos que la vida no se reducía a una escoba, qué estábamos ahí para servirnos mutuamente, qué no eran culpables de nada, y que los límites existen y debemos ponerlos en práctica?

¿Quién se pone en los zapatos de la cuidadora y de la doméstica?

La mayoría de la gente suele creer que lo más humano en un domicilio, es el enfermo.

Una persona con alguna patología física y psicológica pasa a ser el centro, el punto focal, y algo así como un ser sublime alcanzado por la tragedia y la contrariedad.

En un domicilio, si el paciente grita improperios a sus familiares y cuidadores, es plenamente justificado, porque aunque muchos no tengan ninguna enfermedad psiquiátrica, todo el que llega a visitarlo o a quedarse a sus cuidados deberá saber comprender que es una persona cundida por la angustia debido a su infortunio.

Entender la desventura del otro, es señal de empatía, pero amparar y naturalizar comportamientos basados en el irrespeto, el desquite, y de una desbordada emocionalidad, ya sea por parte del paciente o de su familia, podría resultar peligroso para la integridad física y psicológica de cualquier cuidador.

Todos, sin excepción, humanos y complicados, llevamos una pesada mochila neuronal que podría desembocar en pensamientos gratos y productivos, o por el contrario aniquiladores de nuestra creatividad, y hasta devastadores individual y socialmente por su grado de toxicidad. Por algo dicen que, "cada cabeza es un mundo".

Para mí, la mente es como un pequeño monstruo domesticado, y si no se nos enseña desde niños a saber cómo alimentarla, seducirla, y controlarla, pudiéramos generar catástrofes internas y externas que afecten nuestra relación con nosotros mismos, y con los demás.

No hay duda que la genética muchas veces juega en contra, pero creo que si desde la familia y la escuela se forman dinámicas individuales donde cada uno tenga la oportunidad de conocer su mente, de hablarle, de no temerle, sino de verla con fascinación y respeto, seguramente las nuevas generaciones se conocerían y reconocerían como personas que vienen a contribuir al mundo, con la certeza de un propósito de vida, y no por mera reproducción. Se nos haría entender finalmente la responsabilidad de lo que significa tener un cerebro.

En mi camino como cuidadora descubrí que la mente puede convertirse en un dios inspirador, o en un demonio siniestro y latente. Pues la mente no para, y por ello creo que el secreto para seguir moviendo las fichas de la cordura, es tener la valentía de conocerla, encararla e invitarle un café para charlar.

Lo que te quiero decir cuidadora y doméstica, es que es importante que una vez llegues a un domicilio mantente despierta y vayas identificando progresivamente los puntos positivos y negativos relacionados al comportamiento tanto del paciente, como de sus familiares. Ya recordamos que cada cabeza es un mundo, por lo que cada comportamiento será distinto para bien o para mal. Por esa razón insisto en que deberás alimentar tu diálogo interior y convertir tu mente en tu mejor aliada para resolver con inteligencia las distintas situaciones que pudieran generarse en tu trabajo como cuidadora.

Recuerda que las historias en un domicilio, gratas o no, para nada tienen que ver contigo. Tú ya tienes la responsabilidad de dominar tus emociones, para tener que soportar maltratos de otros. No olvides que todo tiene un límite y tú sabes cuál es el tuyo, así que no lo pierdas de vista. Si alguien no tiene compasión contigo, vete y busca otro empleo que te haga feliz o busca cambiar de paciente o familia.

Ya es hora de que el servicio no sea visto, e intencionalmente promovido como una realidad desalentadora y martirizante. El servicio ha sido reproducido como un calvario por la sociedad de la reproducción justamente por conveniencia económica, así que debemos redefinirlo como un acto natural de vida que nos une para humanizar las relaciones y no para deformarlas y forzarlas.

Atentos al error

Los seres humanos tendemos a idealizarnos unos a otros en los diferentes ámbitos en los que nos desenvolvemos, es un romance que puede prolongarse en un invierno, o en una eterna primavera. Cada historia, rica en matices, determinará la duración entre colores pasteles o electrizantes.

Asimismo, la relación laboral de una doméstica o cuidadora con sus contratantes, dependerá de un montón de valores y de circunstancias subjetivas que rayarán en lo fortuito y que las puede sostener en un raiting de primeras y divinas estrellas, o estrellarlas sin ningún intento de oportunidad o enganche ante la primera falta.

¡Un error, y la pagarás muy caro! Quedarás fichada, perderán la confianza en ti, y te desprestigiarán.

Desde mi experiencia, errores que para las familias podrían resultar garrafales:

- Si usas anillos en cualquiera de los meñiques, creerán rotundamente que eres lesbiana y desatarán su homofobia sobre ti desde las sutilezas.

- Si no hablas otros idiomas, te tratarán como si entendieras con dificultad el español.

- Si por error se te cae un plato o utensilio de la cocina, concluirán que eres torpe, y que tienes manos de trapo.

- Si quedó polvo en alguno de los muebles una vez terminaste de limpiar, te sugerirán que visites urgente un oftalmólogo.

- Si al limpiar cambiaste de lugar alguna de sus cosas, te tratarán de distraída y posiblemente te minimicen y comparen con sus anteriores domésticas o cuidadoras.

- Si tardas mucho haciendo las compras en el mercado, darán por hecho que una tortuga resultaría más veloz.

- Si tardas más de cinco minutos bañándote, concluirán que tus hábitos de ahorro son inconvenientes para su bolsillo.

- Si comes más de dos panes, creerán que tienes la solitaria, y que con un enfermo en el domicilio es suficiente.

- Si olvidas darle el medicamento al paciente, te etiquetarán de incompetente y te someterán a juicio con la empresa.

- Si no eres muy conversadora, dirán que eres antipática.

- Si eres cordial, y siempre dispuesta a dialogar, te llamarán desubicada y atrevida.

- Si comes balanceado, sospecharán que no tendrás fuerza para atender a su familiar.

- Si lees, les resultarás peligrosa y comenzarán a provocarte.

- Si no lees, te prestarán la Biblia para que no olvides practicar la compasión en el domicilio.

- Y si no sabes leer, entregarán tu estadía al Dios todopoderoso porque ellos están realmente muy ocupados, y no pueden hacerse cargo de su enfermo.

Economía y comida

Negarle la comida a una cuidadora o doméstica es tan frecuente como decir groserías en Latinoamérica. "Coño e la madre", en Venezuela, "Mal parido", en Colombia, "Pucha madre", en Ecuador, y "La reputa que te parió", en Argentina".

¡No comas tanto! y ¡Come aunque no te guste! Son oraciones hermanas que van a tono con el desprecio y la angustia que les produce a muchas familias compartir su comida con la gente que les sirve en sus domicilios. Es como si sintieran que les están haciendo un favor al darles la ración o las raciones que le corresponden según su jornada laboral.

Ejemplos abundan y sobran como los alimentos que muchos de los que les niegan la comida, tiran a los contenedores de basura por dejarlos vencer y podrir en las neveras y despensas.

Recuerdo que un 24 de diciembre luego de terminar de darle la cena a una paciente, me dirigí a la cocina para tomar mi comida, y me encontré con que un padre y su hija adolescente en complicidad, y con sarcasmo potencial me dijeron entre sutilezas que para mí no existía banquete, pero que tomara una colación que había quedado en una olla.

Algunos días, de treinta que me interné en otro domicilio, el papá de la paciente quien contabilizaba minuciosamente lo que consumía, llegó a decirme a primera hora con sonrisa irónica: "amanecimos con apetito, no". La interrogante sucedía cuando en vez de consumir dos, me comía tres sanguchitos. Mi venganza, enteramente abierta, ocurría entonces a las cuatro de la tarde cuando en "familia" tomábamos la merienda y yo

me servía cantidades generosas de dulce de leche que
untaba en las galletitas que él compraba y de las que
diariamente se quejaba por su supuesto aumento en el
precio.

También por más de un año acompañé a una
abuelita que comenzó por negarme la merienda, y
luego por disminuir las raciones de las comidas básicas.
Entendiendo el proceso de reducción del sueño y del
apetito que según la ciencia experimentamos los seres
humanos cuando avanzamos en edad, decidí comprar
mi comida para evitar inconvenientes en el domicilio y
conservar al menos por unos meses más mi empleo.
Pero sucedió que una vez comencé a prepararme la
comida según mis preferencias, tuve que compartir con
ella en cantidades iguales hasta el agua porque de lo
contrario convertía la guardia en un infiernito de cinco
metros cuadrados, es decir, la cocina donde debía
prevalecer las doce horas de mi guardia.

Regalos caducos

Por una semana hice limpieza profunda en la casa de una familia numerosísima. Como se dice coloquialmente, le entré a la cocina con la furia de un tsunami para lavar, fregar, barrer, baldear, cepillar, y enjuagar, todo un tema de juntas, hongos, sarro, sedimentos y residuos, tan antiguos como la historia de la humanidad.

Higienizar dos cocinas en un mismo espacio donde no se podían mezclar los utensilios destinados a manipular la carne, con los de la leche, fue como entrar en un corral y clasificar las vacas entre carnívoras y lecheras. Una y otra vez tuve que pastorear entre esponjas, brillos metálicos, y lanas de acero, para no intercambiar lo que podría resultar contaminante, y puede que también un pecado. Un tema religioso y ancestral entre ellos, y una ficción en los programas de cocina, las carnicerías y los supermercados.

Al quinto día, minutos antes de culminar con mi jornada, la señora de la casa, luciendo un atuendo azul que la asemejaba a la Virgen María, me ofreció dos bolsas repletas de comida almacenada en frascos y cajas, que acepté y agradecí.

En la noche del sexto día abrí el regalo, y percibí que el noventa por ciento de los productos estaban vencidos, y en mal estado. En la séptima mañana, mi último día como doméstica en esa casa, a mitad de las labores apareció Ana Frank para recordarme, "que siempre habrá belleza en medio de la desgracia", porque los seres humanos siempre seremos afortunados mientras no dejemos de ver el mundo a través del corazón de un niño.

¡Ohhh se acabó el detergente! y a mí la paciencia

Es muy común que en la cotidianidad de una cuidadora, y de una doméstica la gente para la que trabajan, cada tanto, o a diario se quejen de los alimentos y de los productos que se les terminan.

¡Se acabó el desinfectante! ¡Se acabó el aceite! ¡Se acabaron las frutas! Y se les va acabando lo inacabable. Y entonces un día, de repente, comienzan a darse cuenta también que han ido perdiendo colágeno en su piel, que se les instaló la flacidez, que los alcanzó la calvicie, perdieron el pelo, que de pronto un día se les cayó un diente, y que finalmente como decía María Félix, "no pudieron detener la catástrofe".

Cuando el ser humano siente que se le escapa la alegría de vivir, y con ella la capacidad para pensar de manera proactiva, optimista y armónica, comienza a volcar su infelicidad y aburrimiento en el monitoreo real e imaginario de sus carencias físicas y materiales.

Somos tan infinitamente complicados que muchas veces la carencia puede convertirse en un escape para sobrevivir a la desventura, y al no saber para qué amanecimos vivos. Por ejemplo, hay quienes una vez fallecen sus enfermos los desestabiliza emocionalmente porque ya no saben a qué otra cosa podrán destinar su tiempo. Una vez que han dejado de atender a cualquier familiar, hacen lo posible por descubrir enfermedades en sus más cercanos con el fin de volver a ocupar su cerebro, y no escucharse a sí mismos. Preferir la enfermedad y la muerte de otros, antes de asumir la propia vida es conveniente para las empresas de cuidados, psiquiatras y psicólogos, quienes solo dejan de vivir durante su burocrático horario.

La Sra. X dice que ya nadie le dirá lo que tiene que hacer

Mi paciente número dos, fue la Sra. X. Tenía 86, un cuadro de depresión severa, y por suerte para la psiquiatría, muchas ganas de hablar de su pasado.

Fui su cuidadora tres, y la primera confesora sin velos ni crucifijos en una habitación más habitada por la angustia, que por la muerte.

La Sra. X comenzaba cada cinco, y retrocedía cada tres. Deseaba mochilas ligeras, pesaba más de cien kilos, y estaba tan pálida como las sábanas en las que se adhería.

Mirando a la nada succionaba sus alimentos, y tuve el placer algunas veces que abandonara esa nada para mirarme con suavidad, y agradecerme sonreída.

Por las tardes dormitaba y parecía protestar, se enganchaba con tono determinado y sospechaba que al hacerlo hallaba la tranquilidad que no le suministraba la docena de medicamentos que consumía durante el día.

Una mañana nomás terminó su desayuno, la Sra. X me dijo con voz firme que ya nadie le diría lo que tenía que hacer, y de inmediato sentí un alivio superior como de quien se ha librado de una garrapata, o de un acceso debajo de la axila. La Sra. X al liberarse me liberaba de algo que quizás en ese momento no identificaba, pero que sabía que existía porque me succionaba las energías. Solo se me ocurrió decirle que era bueno de vez en cuando decir que NO, y ella asintió luego de un suspiro. Minutos después se la llevó el sueño, y al siguiente día no regresé a su domicilio.

¡Una cerdita muy chic!

También trabajé como doméstica en una clínica estética. Quirófanos, cubículos de retoques, tatuajes y de masajes, eran espacios infinitamente higienizados y visitados por una clientela generacionalmente diversa.

Los aromatizantes eran tales, distintos y profusos, que desde las escaleras de entrada, hasta la recepción, y el más imperceptible rincón, olía a limpio, como una droga preámbulo a la sala de operaciones, de lavanda e incienso.

El olor en esta clínica impresionaba, seducía e imperaba, y casi arrullaba entre fórmulas de menta, pimienta, cítricos y fragancias espirituales, y eran tantos los bálsamos que emanaban naturalmente por el lugar, que hasta el único ascensor parecía un Olimpo perfumado, deliciosamente armonizado por un hilo musical impecable como las cortinas blancas que daban al jardín de la estética.

Este jardín parecía una selva miniatura y no tenía acceso a los consumidores de belleza, solo a las domésticas de turno y a la esposa del médico y dueño de la clínica, quien ingresaba a la junglita por la parte trasera y atravesaba su acero lítica puerta para saludar y mimar a porky, su puerquita que con el tiempo tuvo que esconder en ese patio, porque de ser una chanchita minúscula pasó a tener un grosero tamaño y a soltar imparables flatulencias que no la afeaban en lo absoluto porque su excéntrica dueña todas las mañanas le hacía lucir un lazo rosa en las orejas, y perfumaba su chiquero para que no hubiera duda que su cerdita también era muy chic.

Di que no puedes hacer la guardia, y verás cómo te trata la familia y la empresa

Muchas veces cuando una cuidadora no puede hacer una guardia porque tiene que resolver algún tema personal, o porque se siente mal de salud, las familias y las empresas contratantes se ponen a la defensiva y entran en un plan de desprestigiarla.

Cuidadora, si este fuera tu caso te sugiero que hagas oídos sordos a sus señalamientos y conductas egoístas e insólitas, y te concentres en resolver la situación que te aqueja y agobia.

No olvides que tú también eres un ser humano que tiene mil cosas de su vida por realizar y dirigir, tanto individuales como familiares, es más también tienes el derecho de deprimirte y enfermarte, y a lo mejor un día también no querer asistir al domicilio porque simplemente estás agotada y deseas quedarte en casa viendo tv, o salir a caminar o a tomarte un café con quien se te antoje.

Cuando sientas que no puedes con alguna guardia, vete y no te cuestiones aunque lo hagan los demás. Recuerda que solo tú sabrás que tanto puedes tolerar en las relaciones que mantengas con el paciente y sus familiares.

Me sucedió en una de las guardias cama adentro que la paciente se dormía a las dos y tres de la mañana, y yo luego de esa hora ya no podía conciliar el sueño y durante el día sufría mareos y una fuerte somnolencia. Ante lo que ocurría le pedí a la empresa que me cambiara de paciente. Les dije que haría lo posible por cumplir el mes de contrato, pero a las tres semanas me di por vencida porque el agotamiento era tal que

algunas veces la misma paciente notaba mi cansancio y
me lo expresaba con cierta preocupación, cosa que no
debería pasar cuando cuidamos a otro porque se
supone que debemos, si bien no mostrarnos como la
mujer maravilla, al menos trasmitirles seguridad y
confianza.

La ONG, se molestó muchísimo conmigo por irme
antes de tiempo del domicilio, pero le agradecí, luego
de insistir por un día completo, el hecho de que se me
depositara el pago, porque en ese momento ya no
tendría donde vivir, y debía alquilar una habitación con
emergencia. Les dije que por favor recordaran que era
migrante, que estaba sola en su país, y que para ellos
sería más fácil conversar con los hijos, nietos y amigos
de la abuelita (que tenía de sobra) para que la cuidaran
mientras se incorporaba una cuidadora en el domicilio,
que para mí resolver el tema de comida y alquiler como
extranjera. Como era de esperar, mi decisión me costó
el que me sacaran de la nómina y no se me asignara
más ningún paciente, al menos en esta organización no
gubernamental.

Manías como herencia

La psicología explica que los esposos llegan a parecerse con el tiempo, es decir, adquieren gestos, y comportamientos uno del otro, como si compartieran un mismo código genético.

Según mi experiencia creo que sucede lo mismo entre las cuidadoras y sus pacientes por el hecho de superar las veinticuatro horas juntas, o por convivir incluso, muchas veces por años. Por ejemplo, llegué a acompañar a una señora durante doce horas por un año y tres meses, y un día auto observándome, me di cuenta que por momentos tendía a jorobarme, y además comenzaba a tener sus mismas preferencias de marcas de galletas y productos de limpieza.

Con otra paciente me sucedió que ella cada tanto, debido a su cansancio para movilizarse, hinchaba los cachetes y la boca para tomar aire, y yo un día cuando estaba a punto de acostarme me percaté que hacía lo mismo cual sapito exhausto.

También una vez comencé a arrastrar los pies al caminar como una de las abuelitas que humanamente ya no podía con su edad y sobrepeso. Asimismo, llegué a llamar "pobrecito" a medio mundo, porque una de las pacientes tenía esa palabrita en su boca todo el día, sobre todo cuando veía las noticias rojas en la tv, o a sus hijos y nietos haciendo alguna tarea doméstica y de cuidados para ella. Y otro día comencé a reírme con una expresión similar a la única paciente down que llegué a asistir, quien cuando estaba de buen humor me llamaba payasa y me decía: "Para vos", obsequiándome dibujitos que variaban de color según su estado de ánimo.

Recordatorio a las empresas y familias contratantes

- Las cuidadoras y domésticas también son seres humanos.
- Las cuidadoras y domésticas también tienen sueños.
- Las cuidadoras y domésticas no son robots.
- Las cuidadoras y domésticas también se enferman y perecen.
- Las cuidadoras y domésticas también comen.
- Las cuidadoras y domésticas también van al baño.
- Las cuidadoras y domésticas también se bañan.
- Las cuidadoras y domésticas también duermen.
- Las cuidadoras y domésticas también piensan y sienten.
- Las cuidadoras y domésticas también se irritan.
- Las cuidadoras y domésticas también descansan.
- Las cuidadoras y domésticas también merecen respeto.
- Las cuidadoras y domésticas NO son ángeles.
- Las cuidadoras y domésticas NO son máquinas.
- Las cuidadoras y domésticas NO son productos desechables.
- Las cuidadoras y domésticas NO son estadísticas.
- Las cuidadoras y domésticas existen, y tienen nombre.
- A las cuidadoras y domésticas NO se les debe negar la comida.
- A las cuidadoras y domésticas NO se les debe negar el papel toalet.
- A las cuidadoras y domésticas se les debe tratar como a ustedes les gustaría que los trataran.
- Las cuidadoras y domésticas también tienen familia.

La estabilidad emocional de la cuidadora

Los seres humanos cuando requerimos de cuidados por alguna dolencia física o emocional puede que nos sintamos como lo más vulnerable y delicado que existe en el mundo, y olvidemos que quien nos cuida también es un ser humano.

Ejemplos de pacientes y familias malgeniadas existen a granel, así como de patologías físicas y emocionales que nada justifican con que una cuidadora tenga que tolerar irrespetos y falta de consideración por parte de la empresa y de la familia contratante.

Cuidadora, insisto, la estabilidad emocional será tu fortaleza para prevalecer en un domicilio. Cultivarla dependerá de ti partiendo del buen trato que te des a ti misma, con los alimentos que consumas, y teniendo momentos de soledad y de reflexión que te reanimen y permitan continuar prestando un servicio con serenidad y en pleno equilibrio de tus facultades.

Como cuidadoras nos acercamos a gozar de una estabilidad emocional cuando tenemos las reglas claras con la empresa y la familia del paciente, así como cuando existe un equilibrio entre las actividades que cada uno deba asumir, es decir, tus responsabilidades y tareas puntuales dentro de tu guardia, y lo que le corresponde realizar a otras personas que convivan contigo (si fuera el caso de que te toque internarte con un paciente que tenga una familia numerosa, así como de compartir la guardia con otra cuidadora, pues ambas deberán tener las tareas justamente distribuidas para evitar inconvenientes).

Recuerda que tu cerebro es como una plantita, así que aliméntalo con dulzura, respeto, hablándole con la misma consideración con que le hablas a tus pacientes, consiéntelo, hazlo sentir como tu mejor aliado, porque sin duda llevarte bien con el estimulará y activará pensamientos positivos y alentadores durante tu guardia que influirán gratamente en el entorno con tu paciente.

Gestionar las emociones en un domicilio debería formar parte vital en los contratos de cuidados. Hablar abiertamente de la importancia que tiene el cultivar la estabilidad emocional a través de conversaciones francas entre cuidadoras, familiares y empresas contribuiría a elevar no solo un servicio de calidad, sino a convertir a las personas que laboran en el mundo de la salud pública y privada en seres más empáticos, conscientes y comprometidos que mejoren su actitud en el momento de enfrentar las distintas realidades que se imponen en la dinámica de cuidados a escala mundial.

La sanadora y purificadora

Cuidadoras, no sé si a ustedes les ocurrió, pero a mí cada vez que hacía el cambio del pañal de un paciente, sentía que me liberaba de una carga superior a la que supongo deben sentir los limpiadores de los vertederos de basura.

Si, puede que fuera algo extraño, pero el hecho de higienizarlos y que quedaran limpiecitos en su exterior, me permitía descargar una especie de angustia personal que no tenía nada que ver con la guardia, los medicamentos y horarios en el domicilio del paciente, sino con una premura casi espiritual que me comunicaba que estaba ahí para sanear, aliviar, y reparar quizás una historia o tan solo un momento, o un halo de vida para que la sangre del mundo pudiera seguir circulando con la naturalidad de un río.

También llegué a sentirme privilegiada muchas veces cuando lavaba, fregaba y baldeaba diversas casas, oficinas, y clínicas, porque las cuidadoras y domésticas cumplimos con una especie de misión reveladora de que la limpieza en los diferentes escenarios donde se realice, es un don que trae sanación y alegría.

Creo que las labores de limpieza sean cuales fueren, tienen que ver con la palabra fluir, dejarse llevar, es como una cascada musical, confiada ante la prisa y las pausas, o como las cometas, que disfrutan de las alturas sin el temor de ser derribadas por el mismo viento que las eleva, y como la vida misma, que no para.

Saber cuándo irse

Saber en qué momento debemos partir del domicilio, como cuidadoras y domésticas, es la cosa más fácil y a la vez más complicada, por el simple hecho de que acabamos de firmar un contrato, de comprometernos de palabra con quien nos recomendó para el trabajo, o con los familiares del paciente, así como porque somos migrantes, madres solteras y necesitamos sostenernos, y ayudar económicamente a nuestros padres, hermanos y familiares.

Pues te diré que todas esas razones son válidas, pero ninguna poderosa como tu fuerza de voluntad para no darte por vencida y seguir adelante e intentar dar con otro empleo, sea en el mismo rubro o en otro, donde te sientas bien, porque simplemente tienes el derecho de sentirte plena y de decidir en qué lugar destinar tu tiempo para laborar, y a quien o a quienes servir.

Cuidadora y doméstica, solo tú sabrás cuando deberás partir del domicilio. Cuando tu intuición se comunique, escúchala, cuando las dudas te visiten, déjalas entrar e invítales un té, cuando el temor, la angustia y la tristeza se instalen en tu día a día, sacúdetelos con agua fría mientras empacas tus cosas, y una vez le notifiques a la empresa y a la familia que te vas, vete con o sin previo aviso, porque la vida está donde queramos con un sinfín de oportunidades laborales que debemos desempeñar por vocación o por necesidad.

Datos cuidadoras y domésticas en Latinoamérica.

- *Igualdad en los cuidados Ministerio de las Mujeres, Géneros y Diversidad Argentina.*
    - "El trabajo de cuidados no solo está distribuido desigualmente entre varones, mujeres y LGBTI+, sino también entre los distintos estratos socioeconómicos".
    - "Así como las mujeres realizan más trabajo no remunerado que los varones, las mujeres de menos recursos económicos hacen, en promedio, más trabajo no remunerado que las mujeres de mayores recursos".
    - "Las tareas de cuidados suelen ser tercerizadas a mujeres migrantes. Esta cadena se repite en un mismo país con dinámicas de migración hacia los centros urbanos de mujeres provenientes de comunidades rurales, indígenas o de países limítrofes".

- *Revista Nueva Sociedad N°256 marzo-abril 2015 Artículo El cuidado: de concepto analítico a agenda política. De Valeria Esquivel.*
    - "El cuidado no es reconocido ni valorado, como si su nula (o magra) remuneración implicara su gratuidad, es decir, la ausencia de costos".
    - "La redistribución de los cuidados va más allá de los hogares y debe incluir a la sociedad en su conjunto".
    - "Ecuador reconoció en su Constitución en 2008 "el derecho a las personas que realizan trabajos no remunerados en los hogares", a la seguridad social y su tratamiento como "trabajadoras" está muy presente".
    - "En Venezuela y Paraguay se han debatido proyectos de ley que equiparan el trabajo doméstico y de

cuidados de las amas de casa con el trabajo doméstico remunerado".

- *Las políticas de cuidados en Argentina: avances y desafíos. OIT, UNICEF, PNUD, CIPPEC, 2018.*
  - "En Argentina el 86% de los trabajadores del cuidado son mujeres y una tercera parte de las mujeres trabajadoras lo hace en este tipo de ocupaciones, siendo aproximadamente la mitad de ellas maestras, profesoras, médicas y enfermeras, mientras la otra mitad son trabajadoras de casas particulares".
  - "En Argentina según datos de la EAHU 2013, 1.196.500 personas de los grandes centros urbanos se desempeña en el sector doméstico remunerado. Se trata de una actividad laboral poco profesionalizada, que presenta baja barreras de ingreso y muy escasas perspectivas de de movilidad ocupacional. De allí que de esta actividad participan principalmente mujeres de los sectores más pobres de la población, migrantes (de países limítrofes o del interior del país) y madres solas con hijos a cargo".
  - "Según datos de la EUHU 2013, el 81,2% de las trabajadoras de casas particulares no cuenta con los beneficios de la seguridad social y solo un porcentaje muy reducido recibe otros beneficios sociales, como aguinaldo, vacaciones pagas, días por enfermedad u obra social".

- **Los cuidados un sector económico estratégico:** *Medición del aporte del Trabajo doméstico y de cuidados no remunerado al Producto Interno Bruto. Ministerio de*

Economía Argentina, Secretaría de Política Económica y Dirección Nacional de Economía, Igualdad y Género.

- "9 de cada 10 mujeres realizan estas tareas, que significan en promedio 6,4 horas diarias. Ellas dedican tres veces más tiempo que los varones."

- "Las mujeres presentan mayores niveles de desocupación, ganan menos y, por consiguiente son más pobres".

- "Según la "Encuesta Anual de Hogares Urbanos (EAHU) las mujeres realizan más del 75% de las tareas domésticas no remuneradas. El 88,9% de las mujeres participan de estas tareas y les dedican en promedio 6,4 horas diarias. Mientras tanto, solo el 57,9% de los varones participa en estos trabajos, a los que se dedican un promedio de 3,4 horas diarias".

- *El trabajo de cuidados y los trabajadores del cuidado para un futuro con trabajo decente Organización Internacional del Trabajo (OIT).*

- "Encuestas muestran que del 66,9% de la población mundial en edad de trabajar, se dedican 16400 millones de horas al trabajo de cuidados no remunerado. Esto corresponde a 2000 millones de personas trabajando ocho horas al día sin recibir una remuneración a cambio".

- "La mayor parte del trabajo de cuidados no remunerado consiste en tareas domésticas (el 81,8%) seguido del cuidado personal directo (el 13,0%) y del trabajo voluntario (el 5,2%)".

- "A escala mundial, sin excepción, las mujeres realizan las tres cuartas partes del trabajo de cuidados no remunerado, a saber, el 76,2% del total de horas dedicadas al mismo".

• "Ningún país del mundo registra una prestación de cuidados no remunerada igualitaria entre hombres y mujeres".

• "Las mujeres dedican en promedio 3,2 veces más tiempo que los hombres a la prestación de cuidados no remunerada, a saber 4 horas y 25 minutos al día frente a 1 hora y 23 minutos en el caso de los hombres. A lo largo de un año, esto representa un total de 201 días de trabajo (sobre una base de ocho horas diarias) para las mujeres en comparación con 63 días de trabajo para los hombres".

• "En todas las regiones las mujeres dedican más tiempo al trabajo de cuidados no remunerado que sus homólogos masculinos, desde 1,7 veces más en las Américas hasta 4,7 veces más en los Estados Árabes".

• "En todo el mundo, la prestación de cuidados no remunerada es más intensiva para las niñas y las mujeres que viven en países de ingresos medios, las mujeres casadas y adultas, con un nivel educativo más bajo, residentes en zonas rurales y con niños que no han alcanzado la edad de la escolarización".

• "Las trabajadoras domésticas experimentan algunas de las peores condiciones de trabajo en toda la fuerza de trabajo dedicada a la prestación de cuidados, y son particularmente vulnerables a la explotación. Los trabajos en este sector son considerablemente impredecibles y ocasionales, y se ven afectados por una baja cobertura de la protección social y laboral. Además la violencia en el trabajo está omnipresente en el sector del trabajo doméstico".

- *UNFPA Informe técnico COVIC-19: Un enfoque de género. Proteger la salud y los derechos sexuales y reproductivos y promover la igualdad de género. Marzo 2020.*

  - Las mujeres representan el 70% de la fuerza laboral de la salud en el mundo.

www.ingramcontent.com/pod-product-compliance
Lightning Source LLC
Chambersburg PA
CBHW061330120726
48001CB00002B/772